唐君毅全集卷三之一

人生之體驗續編

臺灣學生書局印行

目次

第三篇：人生之艱難與哀樂相生……五三

人生之體驗續編

本書於一九六一年十二月由人生出版社初版。一九七八年四月改由臺灣學生書局印行。全集所據爲學生書局版，並經全集編輯委員會校訂。

自序

一、

本書七篇，乃余七年來之所作，意在爲廿餘年前拙著人生之體驗之續篇。其與前書所陳者，在思想之核心上，並無改變。其不同之處，要在如本書第七篇引言所說，卽人生之體驗一書，唯基于對人生之向上性之肯定，以求超拔于吾之現實煩惱之外。而十餘年來則吾對人生之艱難罪惡悲劇方面之體驗較深，故相較而論，前書乃偏在說人生之正面，而思想較單純，多意在自勉，而無心于說教，行文之情趣，亦較清新活潑。雖時露人生之感嘆，亦如詩人之懷感于暮春，仍與人之青年心境互相應合。此書則更能正視人生之反面之艱難罪惡悲劇等方面，而凡所爲言，皆意在轉化此諸爲人生之上達之阻礙之反面事物，以歸于人生之正道，而思想亦皆曲折盤桓而出，旣以自勵，亦兼勵人，而說教之意味較重。行文之情趣，亦不免于紆鬱沉重，如秋來風雨，其氣固不同于暮春。然此書能面對彼反面之事物，更無躱閃逃避，困心衡慮，以斬伐彼人生前路之葛藤。荆榛旣闢，而山川如畫。是春秋佳日之得失，固未易論也。然人必歷春而至秋，此書與人之青年之心境，多不相應，而唯與歷人生之憂患，而不失其向上之志者相應；人之讀此書者，亦宜以前書爲先，此書遂只能居於續篇之列矣。

此上所言，乃以前後之拙著，其寫作時所依之心境，相較而言。至于置此書於著作之林，其價值何在，卽甚難言。而予之寫此書，亦如寫前書，於寫時初實無與任何古今中外之人生思想，比較異同，計較勝劣之見，而事先亦無一系統之計劃。初固未嘗見有所謂著述之林，亦未嘗期必成一著述；而唯直就吾之生此時代，住此人間之所實感實見者而爲言，卽次第成此七篇。乃依寫作先後，編爲一集。唯今旣編之爲一集，重加反省，見此諸文之宗趣，雖未嘗有異，然亦各有一論題，而其先後寫成，亦約有一秩序行乎其間。又就此七篇之主要義理而觀，各篇之所陳，亦有進於昔賢之所言，而可爲開拓一思想之新境界之所資者。玆分別述之於下。唯皆凌空而述，亦不必與此七篇之文句，皆相貼切。蓋須讀者遍觀諸文之後，泯其文句，以會其實義，方能與此所述者相契也。

二、

關於此七篇之宗趣，不外如上所謂轉化爲人生之上達之阻礙之反面事物，以歸於人生正道。此所謂人生之上達，要在對已成之現實人生，不斷求超升一步。而此超生，對外而言，亦卽將自己之人生，由平日所周旋應對之流俗中拔出。此拔出，乃一與流俗之隔離。此隔離非人生之上達之終點，然爲其必不可少之始點。此亦爲貫注本書七篇之宗趣，而隨處加以提撕者。而人之不能拔乎流俗，則首在不能拔乎流俗之毁譽，故吾人亦當于毁譽之現象，有一如實知，方能轉俗以成眞，由流俗之世間以上達於眞實世界，而成就吾個人之人格之上升，此卽本書第一篇之論題。至于第二篇，則轉而論此個人之心靈之凝聚與開發，及其與世間相接之道。此則意在使此心靈旣不隨世間而流蕩，亦不閉塞於其自己，而得與師友相共切磋於「通達而貞定之眞理」之途。第三篇論人生之艱難與哀樂相生，則既無世間，亦無師友，唯見一孤獨之個人爲求其人生之向上，而遍歷其人生之艱難，以上達於一「哀樂相生之情懷」。此中之言及世間者，皆融入個人所遭遇之艱難與哀樂相生之情懷而論，而眞理卽在此情懷中，故與前二文之旨趣又略異。在本書諸文中，此文亦爲較能相應于一悱惻之情懷而寫成者。第四篇論立志之道及我與世界，則以志願攝情懷。而此志之立，則要在既拔乎流俗之世間，而又置自己於世間，兼攝世間於自己。第五篇死生之說與幽明之際，則由生說死，由明說幽，而意在由徹通死生與幽明，而以此一心，貫天下古今之人心者。此乃本書各篇中義蘊最爲弘深，亦最難爲當世所深信不疑者。此蓋必人先信眞理之萬古長存，兼具哀樂相生之情懷，與通天下古今人心之志願者，乃能眞實契入。第六篇人生之虛妄與眞實，則爲尅就人生之如何去除其存在中之虛妄成份——此諸虛妄成份，蓋皆由人之所以爲人之尊嚴處之誤用而生者——以論必有個人之知行情志之對己對人，應世接物，及其所以善生而善死者，皆全幅眞實化；人之整個人格之存在，乃得成一眞實存在。此爲遙契於中庸之立誠之教者。第七篇人生之顚倒與復位，則廣說人生之一切墮落、偏執、染汚、罪惡之顚倒相，皆緣於人之超越無限量之心靈生命之自體之顚倒性而生，而此性又非其本性。此乃意在由對此顚倒性相之體悟，以反顯人生之正位居體之直道者。依此，而觀人生之墮落而下降，亦所以助其超升而上達，而宗教家之窮人生之染汚與罪惡之相者，亦與儒言相資而不二矣。

循上所說，是見此七篇，雖同一宗趣，而各篇亦各有一論題，然其前後相連，亦略有一秩序，要不外拔乎流俗之世間，以成就個人之心靈情懷志願之超升，而通於天下古今之人心，以使人生之存在成爲居正位之眞實存在而已。而此秩序，則唯是吾將此諸文編爲一集之後，無意中所發現。夫我以七年之期，成此七文，平均相隔一載，乃成一篇；而一文之成，例不過三數日，一年之中，三百六十餘日，皆有他事間之。據生理學家言，人生七年，形骸更易，而細胞換盡。然此七文之間，乃亦竟有一秩序，存乎其中，是見人心底層，自有潛流，雖重岩疊石，未嘗阻其自循其道，以默移而前運，此皆不可思議，使我喟然興嘆者也。

三、

至於尅就此七篇之文之主要義理而觀，吾今日加以反省，亦可試總括而言之。卽此諸文，皆唯是意在指明：一般之求人生之向上者，其所嚮往之理想環境，及其向上之行程，與其向上所依之心性，皆處處與一向下而沉墜之幾，相與伴隨，亦常不免於似是而非者之相幻惑；因而人眞欲求人生之向上者，必當求對此沉墜之幾與似是而非者，有一如實知與眞正之警覺；人亦恆須經歷之，以沉重之心情負擔之，而後能透過之，以成就人生之向上而超升。此則吾寫人生之體驗時，所未能眞知灼見及者，而昔之儒者與西方之理想主義者，及當世之賢者，亦未必能於此慇勤加意者也。

自昔儒者言仁，言人我心之感通，由此仁與感通以見天心；西方理想主義者，言人心之形而上的統一，由此以見上帝之心。此乃中西思想之究竟義，吾所夙信受奉持，並樂爲之引申發揮者。此七篇之究竟義，亦在乎是。然世罕能知：人之求名求譽以及好權好位之心，亦原於人與我之心之求相感通，其根源亦在人之欲成就人我之心之統一。唯依仁以行，乃希賢希聖之道，而徇逐名位，則沉淪流俗之途。一念而上下易位，其危微之幾，似是而非之際，人亦罕能察及。此卽本書隨處諄諄致意之一端，而其要旨，則陳於本書之第一篇者也。

自昔儒者，言天地陰陽翕闢及人心開闔動靜之義，此皆屬於宇宙人生之大理，所以彰彼太極而立此人極之所資。西方理想主義者，亦言正反及消極積極之相互爲用，合以顯宇宙之絕對眞理，顧又不知於人心之開闔動靜之際，自用工夫，以立人極之義，遂與中國聖學之傳之切切於此者異。然中國聖學之傳，雖切切于此，而言多簡要，對今日世態之日繁，復難資針砭之用。昔賢之偏在正面立言，於此開闔動靜之幾，可被阻滯而旁行歧出以導人生入於陷阱與漩流之義，亦引而未申。此亦吾於寫人生之體驗等書時之所忽。本書第二篇，論心靈之凝聚與開發，而處處以心靈之閉塞於陷阱，及流蕩爲漩流，以爲照應；實卽所以彰昔賢所言之人心之開闔動靜，皆各有其旁行歧出，而成人心之病痛之原者在。夫人心之開闔動靜，皆昔賢所謂生生化化，天理之流行之所攝，烏知人欲之根亦卽在此流行中乎。而人欲之流行于陷阱，成漩流，亦似天理流行之一動一靜，而實天淵迴隔。此卽本書第二篇之微旨所存，而惜所論猶有未盡意者也。

再如於人生之行程，吾昔於人生之體驗中，嘗以由求生存、求愛情、求名、求成就事業，以上達于眞美善神聖之途說之；其所以必須有此步步之上達，乃由其每一步皆不能自足，此吾昔之所見及，亦西方之理想主義者，以及一切求人生之向上者所同見及者也。然先儒之論人生上達之道，則不喜分爲斬截之項別、階段、與步驟或層級而說之，恒直下通眞美善神聖爲一體，以主宰吾人之此生。孔子所謂志道、據德、依仁而游藝，固無斬截之層級之可言也。依孔子此言以觀，西方所謂求眞之科學哲學，求美之文學藝術，以及宗教中之禮儀、教育、政治、經濟之術，及一切實用之技，皆藝也；人之修爲之方，其要唯在自省其一一游藝之事是否依於仁，而其發於外，是否有據于己之內部之德，其志是否通於人生之大道而已。此修爲之方，其工夫乃在人之時時處處之如此如此自省，以對一一之事，切問而近思，固亦不必分人生之事爲項別，而系統的討論人之修道之歷程也。然當今之世，各種社會文化學術事業，皆已明顯化爲分門別類之領域，人心之次第着於此諸領域以歷世務，即成一歷程；而人應世接物時，其所依之仁、所據之德，亦原有高下之辨，則吾人亦未嘗不可就其歷世而歷事之歷程，以言其心境之轉易升進之跡相，及所經之道路上之層級。此卽吾人今日立言之方式，如吾昔之所爲，未嘗不可大異於往昔者也。

然吾人今之分人生之事爲項別而言人生之歷程中之心境之轉易升進之跡相與層級，其用意雖是，然徒將此諸層級，由下以次第及於高，加以論述，則可使人產生一幻覺，卽以人生之歷程，如能自然向上以轉易而升進者。吾於人生之體驗之第二三篇所論，及黑格爾於其精神現象學所論，同可使人發生此幻覺。此則皆由吾人之忽略：人生之行程與步履，實亦步步皆可停滯而不進。其每一步之上達，皆可再歸於滑下沉落；卽不停滯而前進，亦步步皆有其艱難。自此而觀，則人生亦如永無進步之可言，其心境之高下不同者，實亦畢竟平等；而人生一世，乃永無可恃，而時時皆當自慄其將殞於深淵。此卽徒就人生之歷程，視如向上轉易而升進之歷程而論之者，其所不足之處，亦卽本書第三篇論人生艱難之所以作。此篇於每一人生之行程與步履之升進，皆一一舉其艱難，亦卽於其升進之中，見退降之幾，而所以使人悟及一切昇進之事，皆有其似是而實非者在也。

復次，人生之道以立志爲先。蓋人生之本在心，而志則爲心之所向，亦心之存主之所在。先儒固重立志，而佛教之發心，與耶教之歸主，皆同爲立志之事中一種。然昔聖賢之言立志，亦皆重在自正面說話。志之所在，卽道之所存；志而能立，念念不離於道，及其充實而有光輝，則大化聖神之域，皆不難致。斯義也，吾亦深信而不敢違。然人之立志，如非一往超世之志，或只務個人成己之志，而眞爲由成己以兼成物之志，則此中並非全爲一直上之歷程，而實有一大曲存焉。而唯待致曲方能有誠。然此致曲以有誠之義，則昔賢所未伸，而有待於吾人深知其所以曲。此所以曲，在人之志欲成物者，人必於世間之物有所得，而此有所得，卽阻其志之向上，而使人忘喪其初之成物之志。至人之轉而求無所得，則只能歸於超世以成己，而非復爲儒者之志，遂使所謂成己成物之言，徒成一虛脫之大話。是皆理有必然，而見人之立志及求成其志業之事中，卽有忘喪其志，使志業無成之幾，存乎其中，以成一大曲者。而此中由致曲以有誠，而成就直上之道者，則在人之旣拔乎流俗以存超世之意於內，而又須兼本于：置我於世界內及置世界於我內之二義，以觀我與世界之關係，而更在對此二者之分裂之痛苦之感受，而求去此分裂時，立一嚮往志業之根基。以此觀先儒之我與天地萬物爲一體之言，則謂之爲狀聖賢之大化聖神之域之心境及道體之本然皆可，而以吾人之嚮往於此，卽足以立志，則大不可。而一體之義，必先兼自三面分看，而感受分裂之痛苦，實反身而誠，樂莫大焉之初基。宋儒之學，始於尋孔顏樂處，乃唯言人當先求超世，求有以自得之一義。然論及人之成其志業，亦同謂必擔當艱苦。而吾人生於此道術分裂之時代，則正當由分裂之痛苦之感受處，以入於道。人能於分裂之痛苦之感受處，見人心所求之和一，及其本來之和一，則樂亦斯在。是見樂當由痛苦之感受入。若吾人生於當今之世，於一切分裂之痛苦，漠然無感，而徒學二程兄弟初學於周茂叔之吟風弄月以歸，及朱子之傍花隨柳過前川之樂，以此見天地與人之同此生意周流，道體斯在，遂止於是，則亦似是而非之儒學也。

復次，世之論人生者，恆忽於人之有死。然吾人生於今日之時代，方更了然於人之時時可死。今之核子戰，固隨時可將吾人毀滅淨盡也。故吾人之生於死之旁，亦至今日，乃更易切感其義。而人死之可悲，蓋唯宗教家能深知之。吾嘗參加佛教徒之超渡衆生幽靈之法會，而感動不能自已，遂知通幽明之道，大有事在。西方之哲學家，則對人之死之問題，最爲麻木，徒視爲哲學問題，加以討論而已。中國昔賢之重祭祀，亦純爲所以徹幽明之際，而自古及今，皆鄭重其事者，今則罕知其義者矣。夫我對人之情，必愼終如始，事死如事生，然後能致乎其極。而我之情能溢於生者之世界之外，以及於死者之世界，通徹於幽；則生者之世界，亦皆爲我之所懷，而我對生者之仁，亦當可更至乎極矣。唯宗教徒之病，在其情入於幽而或復沉於幽，乃不重對一一聖賢豪傑祖宗父母，致其誠敬，則死者之潛德幽光，未必能爲我所攝，以還入于明。此卽儒者之祭祀之義，所以爲切摯。至於宗教徒中如基督教徒之普爲死者作禱，佛教徒之普爲幽靈求超渡，亦自有其不可思議之功效，非可以常情測。亦皆所以彰露人心之至情必徹於幽之一端，宜當與儒者之祭祀並存而不悖。唯此皆匪特爲西方之哲學家之所忽之義，亦世俗之一切學者之所忽之義。而泥於孔子未知生焉知死之言者，亦多撇開此問題於人生問題之外。然實則生死爲人之兩面，必合之乃見人之全。既爲兩面，則必可徹通。而吾書之第五文，則意在由人之原生於死之上。及死者與後死者之至情之交徹，以言可由祭祀以通幽明之理；故人生之眞相，實死而無死，而鬼神之情，亦長在此世間，讀者果有深會於此文之所言，則幽明之間，以及明與明之間，幽與幽之間，另有一縱橫之天路，以使人心相往來，而人之心靈之自身，亦實無能使之死者，則核子戰亦實不能殺人，而實無可畏，唯其造孽不可挽耳。是則非此文所能一一盡其旨者。然人欲有深會於此文之所言，又非深知人之生於死之上，並以其情先由明徹幽而入於幽不可。人之生於死之上者，卽生幾存於死幾之上，無死幾則無生幾，不知死幾者亦不知生幾。人之情必由明徹幽而入幽者，即人唯由此乃能竭其仁、竭其仁而後人能眞生也。則所謂徒知生而不知死者，不求其情之徹幽而入幽者，實亦不知生與生幾，所謂不見廬山眞面目，只緣身在此山中，亦生而未成其爲眞生者也。此卽人之只知生而不知死者之爲害。而此不知死，既可使人生非眞生，則此「不知死」，正爲人之眞死幾，以使其生不成眞生者。此人之不知死者，乃人生對其生之世界之另一面之大無明，而使人沉墜陷溺于其苟得之一生，亦使其生非眞生，而成似是而非之生者。而世之重人生者，乃恒以不求知死爲教，而常人亦不敢正對此死，與其生於死之上之事實而觀之，又恒自拂除斲喪其徹幽而入幽之至情，乃視祭祀爲多事，以宗教家之爲死者作禱，及求衆生之幽靈超渡爲無用。而不知此皆證其生而非眞生者。茫茫人海，孰爲眞生？非彼大聖，其孰能知之？

至於本書之第六篇，言人生之眞實化，則其中之一要義，在指出人之內在的超越性等，亦可誤用，而爲使人之存在包函種種虛妄成份之一原。第七篇人生之顚倒與復位，則指出人之超越而無限量之生命心靈之自體之可顚倒，而表現於有限之中，或與之成虛脫，而無數之人生之染汚罪惡皆由之而出。此人之超越性與無限性，皆原爲人之無盡尊嚴之所繫，乃我昔所常論，亦西方理想主義之哲學家之所同重視之義。然此二文中則說明其亦爲人生之虛妄之一原，及無數人生之染汚罪惡所自出。斯所以見此爲人之尊嚴所繫之超越性、無限性，亦如不能自持其超越，自持其無限，而自具一沉墜向下而導致虛妄虛脫之幾，而人之超越性及無限性之表現，亦咸有其似是而非之表現。此似是而非之表現，正爲人之存在，其眞實之程度或反不如其他自然物之存在者，亦見人之罪孽之深重，實遠非禽獸之所及者。夫然，故此人之尊嚴之所繫，亦卽人之卑賤之所繫；人之成爲高於萬物、靈於禽獸者之所在，卽人之低於萬物、罪逾禽獸者之所在。由此而一切讚頌，可歸於人；一切咀咒，亦可歸于人。人可上升天堂，亦可下沉地獄。人之生於宇宙，實爲一切虛妄與眞實交戰之區，亦上帝與魔鬼互爭之場；而人生之沉淪與超升，乃皆爲偶然而不定。吾年來於此之所感切，未嘗不與西方之存在主義之所感切，不期而遇合。蓋皆同爲此分裂之世界之反映，亦人類精神生活之行程，歷數千年至今日，遭遇同一問題之所致。至其不同之處，則在彼存在主義者之言此，皆期在暴露人類之危幾，亦更求窮哲學之理致以爲言，其精彩之論，遂足驚心而動魄。吾此書所說，於此實自愧不如，亦無意相效。蓋對此一切世界之分裂與人類之危機，亦可只求知其大體上如是如是；如若必窮形極相而論之，亦如圖繪鬼魅以求快意，及至其栩栩如生，且將爲鬼魅所食。不如略陳其貌，餘皆默而存之。而人生向上之道，仍要在轉妄歸眞，去魔存道，由沉淪以至超升，使分裂之世界，復保合而致太和。故於此一切入妄招魔之人類危幾，唯當于此人生之行於其向上之道之途程中，加以指點而已足。此卽吾書之所以雖隨處指出人之上達途程中，所遭遇之反面之事物，頗似有異於先儒及西方理想主義者及吾人生之體驗等書，重在自正面立言者，實又更遠於存在主義者以描述暴露爲工；而仍是承先儒之重實踐之精神而爲言，以期在於人生之正面理想之昭陳與樹立。而此書之只爲吾之人生之體驗一書之續編，其意亦在乎是也。

第一篇：俗情世間中之毀譽及形上世間

毀譽現象，一般的說，直接屬于形下的俗情世間，而不屬於形上的眞實世間。但它又是二者間交界的現象，同時亦是人生之內界——卽己界——與外界中之人界之交界的現象。這現象，是人生中隨處會遇見，而內蘊則甚深遠，然常人恒不能知之，哲人恒不屑論之。實則人如能參透毀譽現象的內蘊，卽可了解由形下的俗情世間，至形上的眞實世間之通路，亦漸能超俗情世間之毀譽，而能回頭來在形下的俗情世間，求樹立是非毀譽之眞正標準。這些話要完全明白，須逐漸由俗說到眞，由淺說到深。此下分六段說明。此六段又分兩部：前三段是說「俗」，其文字本身亦是俗套的；後三段則希望逐漸轉俗成眞。

(一)作爲日常生活中之經驗事實的毀譽

我所謂作爲日常生活中之經驗事實的毀譽，每人都可以從他的日常生活中去體會。在一般人相聚談話的時候，通常總是談學問談事業的時間少，而批評人議論人的時間多。批評人議論人，便非毀則譽。西方有一文學家說，人最有興趣的是人。此應再下一轉語，卽人最有興趣的，是對人作毀譽。毀譽本于是非之判斷。人有是非之判斷，則不能對人無毀譽。我們可暫不對此人間有是非毀譽之事實本身，先作一是非毀譽之判斷。我們可暫不譽「世間之有毀譽」，亦可暫不毀「世間之有毀譽」，而只將其純當作爲一事實看。

中國過去民間普遍流傳一講世故的書，名增廣賢文。其中有二句話：「誰人背後無人說？那個人前不說人。」此二句話之語氣中，包含一諷刺與感嘆。但這是一個事實。人通常是依他自己的是非標準，而撒下他的毀譽之網，去囊括他人；而每一人，又爲無數他人之毀譽之網所囊括。一人在台上演講，台下有一百聽衆，卽可有一百個毀譽之網，將套在此講演者之頭上。一本書出版，有一千讀者，卽可有一千個毀譽之網，套在此書作者之頭上。一人名滿天下，他卽存在于天下一切人之是非毀譽之中。而一個歷史上的人物，他卽永遠存在于後代無限的人之是非毀譽之中。這些都是此俗情世間中不容否認的事實。

這個事實，有其極端的複雜性。其所以複雜，主要是由人之任何的言行，都有被毀與被譽的可能。這亦不是從當然上說，而是從實然上說。其所以總有此二可能，大概有四種原因。一是人之實際表出的言行，只能是一決定的言行。每一決定的言行，必有所是。人們在發一言行時，亦總可暫自以爲是，他人便可是其所是而譽之。但是人之言行，是此則非彼。故每一決定的言行，又只能實現某一種特定的價值。因而在想實現其他特定價值的人，便可覺此特定言行之無可譽，而復可轉而以其他特定價值之未被實現，爲毀謗之根據。最能表達此種毀譽現象的，卽伊索寓言中之一老人與小孩趕驢子的寓言。小孩在驢背，則人要說爲什麼讓衰老的人步行？老人在驢背，人要說爲什麼讓稚弱的小孩步行？老人小人都在驢背，人要說何以如此虐待驢子？老人小孩都步行，人要說何以如此優待畜牲？此寓言是把老人小孩與驢之四種可能的關係，全都盡舉，但無一能逃他人之毀。因爲人採取四種中之任何一種可能，都不能實現其他可能中所實現之價值。這是人之任一決定的言行，都不能免于毀謗之一原因。二是人之實際表出的言行，依于人之內心的動機。但是人之內心的動機，是不可見的。因其不可見，故人總可作任意的揣測，人亦總有對之作任任意揣測之絕對的自由。卽人總有孔子所謂「逆詐億不信」之自由。故孔子耶穌之言行，他人亦可不信。在此，孔子耶穌要作任何辯白，皆可是無用的。因辯白是言，言一說出，則他人仍可疑此言所以說之動機。荀子說：「君子能爲可信，而不能使人必信己」。這句話加重說，是君子必不能使人必信己。第三是任何表出的言行，必有其社會的影響。而此影響可好亦可壞。這好壞之影響，恒繫于此言行與其他因素之配合，本不當只歸功或歸罪于此言行本身。但是人通常是依結果之價值，以判斷原因之價值。因而總可依于對一言行之影響結果之好壞，以判斷此言行本身之好壞，而生一不適切的毀譽；因而好者皆有被毀之可能，而壞者亦有被譽之可能。第四，是人作毀譽，總可兼採取公私二種標準。此卽在賢者亦有所不免。公的標準依於良心上之是非判斷，私的標準是以他人對自己好與不好或利害爲標準。武三思說，吾不知天下何者爲善，何者爲惡，對我好者卽謂之善，不好者卽謂之惡耳。此亦是人作毀譽時之常情。中國民間有一笑話，說一老太婆誇他女兒好，因其將其夫家物，帶回娘家，眞孝順；但媳婦不好，因將其家之物，亦帶回娘家去了。這種將公私二標準，互相輪用以興毀譽，亦是人之常情。此外人實際上是依私的標準興毀譽，却以公的標準作理由，而將公私二標準，互相夾雜起來，更是人之常情。此不再舉證。人之毀譽，兼有公私二標準，世間一切是非毀譽，便無不可顚倒。

此上四者，皆使人之言行無不兼有被譽及被毀之可能。讀者可以隨處去勘驗一番，便見一切人皆可受求全之毀，一切人皆可有不虞之譽；由此而使人間之毀譽，與人之言行之自身價値，永無一定的互相對應的關係，而有各種可能的配合。總而言之，人間世界一切毀譽，在本性上實爲無定。這是日常生活中所經驗的毀譽現象之複雜性所繫之第一點。

日常生活中所經驗之毀譽現象之複雜性所繫之第二點，是緣於上述之毀譽之無定性，與人之心靈之交互反映，而使人間世界，對某一人言行之毀譽之流行，可成一永無止息而無窮的漩流。對某一人同一之言行，人可依此原因而施譽，亦可依彼原因而興毀。謗譽不同，而有謗謗者，謗譽者。如謗譽相同，則又有譽謗者，譽譽者。復有謗謗謗者，謗謗譽者，譽譽謗者，譽譽譽者。此謗譽之相加減乘除，以環繞於一人之言行而流行，原則上遂可為一永無止息之漩流。此漩流之存在，更使人間毀譽現象，顯一無盡之複雜性，雖有巧歷，亦不能窮其變。但這亦是我們在日常生活中，隨時隨處可以勘驗的事實。

(二)作為社會政治現象之毀譽

上文說日常生活中所經驗之毀譽現象，是只把它作為個人對個人現象來看。現在我們再進一步，把毀譽現象作為客觀的社會政治現象來看。毀譽是個人的活動，但是此活動中，恆包含望他人亦作同一毀譽之要求；而人亦本有模倣、同情他人之毀譽，或受他人之暗示以作毀譽之一種社會性。由是而有所謂衆口共譽，衆口交毀，或衆好衆惡之社會現象。一人羣社會，恒有其公共的宗教信仰、道德標準、以及禮儀風俗、政治制度、法律習慣。於是其中之人，恒對於能遵守之者，則共譽之；對于違背之者，則共毀之。毀之無效，而以刑罰繼之；口譽無效，而以權利賞之。一人羣社會之人之共同的毀譽，與共同議定的刑賞之價值，則在維持此一人羣社會之宗教信仰、道德標準、禮儀風俗、法律習慣之存在，連帶亦即維持此社會人羣之存在。因而此毀譽、刑賞，即被稱為一種社會對個人之制裁，或社會大多數人，本於他們之要保此社會人羣之存在與其宗教信仰等的動機，而對少數個人所施之制裁。從西方近代之思想看，自邊沁及今之社會學家，蓋無不重此社會制裁或社會控制之現象之說明。說毀譽是社會對個人的制裁，這亦可兼由個人之恒畏社會毀譽，而不敢放言任行，以得證明。人之作違背一社會之公認標準之言行者，其畏社會之制裁，並不必同於畏社會中特定的某幾個人之制裁，而恒是畏一切其他人合起來，對自己之可能有的制裁。此其他人合起來之可能有的制裁，凝聚成一整一的社會制裁之觀念，而使「社會」宛如成爲一有十手十目千手千目，在監視我們自己之言行的實體。社會學家如涂爾幹等所謂社會的實體之觀念，蓋亦依此義而立。

毀譽可說是社會對個人的制裁，毀譽亦復是人之所以有政權之得失，政治地位之得失之所本。除了世襲的政權外，人之所以能得政權得政治地位，或由於大衆之推舉，或由於旁人之推薦，或由在上位者之選拔。凡此等等，無不以賞譽爲先行之條件。當社會上對政治上在位之人物的毀謗之言，塞於道路時，則遲早必造成政府內部之改革，或暴發爲革命。於是任何人之高官厚爵，以至世襲的政權，在此亦無一能永遠保持。至一般政黨的競爭與政治上的鬥爭，亦幾無不以集團的自譽與集團的毀他爲工具，這都是極淺易的常識。

(三)作爲主觀心理現象之毀譽

要眞了解作爲個人日常生活中之經驗事實看的毀譽，與作爲社會政治現象看的毀譽，必須賴於了解作爲主觀心理現象看的毀譽。因毀譽之爲一經驗事實，最初只是人心理上的經驗事實；而一切社會制裁之所以對個人爲有效，社會之毀譽之所以能致一政權之興亡與個人政治地位之得失，最後無不根於諸個人心理的要求或活動。然則作爲主觀心理現象看的毀譽，畢竟是什麼？

作爲心理現象看的毀譽，首爲我們內心所體驗的他人對我之毀譽。我體驗了他人對我之毀譽，此毀譽卽存於我之內心，而爲一內心中之現象。但是此內心中之現象，通常皆與一好譽而惡毀之心理要求相俱。次爲我們內心所體驗的，我之譽人或毀人之心理活動。而此活動，則恒與對他人之言行之價値判斷相俱，或卽是此對他人言行之價値判斷本身。由是而我們當前的問題卽在：此好譽而惡毀之心理要求，與對他人之言行之價値判斷，在人心中究竟是怎樣的存在着？

人之有好譽而惡毀之心理，是毀譽成爲有效的社會制裁之眞正根據。如果人不先好譽而惡毀，將儘可放言任行，而不畏任何他人之批評與社會上之輿論。故深一層言之，人之怕此社會制裁，並非怕他人以外的社會，實際上只是要滿足其好譽而惡毀之心理要求，亦實卽只是人之好譽而惡毀之心理要求、在制裁他自己之其他慾望，與其他心理要求。此處實只有內在的自己制裁，而並無外在的社會制裁。這個意思，現代西方心理學家亦多了解。如詹姆士稱之爲社會的我，弗洛特稱之爲超我（Super Ego）。亞德勒Adler之心理學，則謂好譽而惡毀之權力要求，爲人一切心理中之最根本之要求，人之一切心理病態，及各種自誇與自卑之情緒之產生，皆由此要求之不得正常的滿足而來者。

人之好譽而惡毀之心理要求，實甚强烈，恒可勝過人之其他一般心理要求。此亦可由人對其日常經驗之反省，以隨處得證明。粗淺點說，商人是好利的，但你只要能爲他鑄一銅像，他卽可捐出一二百萬。政治家是好權的，但孟子說好名之人，能讓千乘之國。一般人是好色的，爲了名譽，亦可拋棄他的外室。都市中人，自己可以吃得很壞，但衣冠必須講求；何以故？因怕人輕視，喜人之稱美其衣冠故。孟子說，「令聞廣譽施於身，所以不願人之文繡也」；又何以故？衣冠於此不必要故。美國有一經濟學家韋布倫Veblen

論資本主義經濟社會中，有閒階級之一切奢侈的消費，多不是爲自己之享受，而主要是眩耀或表出其有閒的身份。其實這亦只是要俗人豔羨稱譽而已。施耐菴著水滸傳序說，求名心既淡，便懶於著書。亦可反證人之著作之事，常是爲名。好名之心，一切大學者、大詩人、大藝術家，同難加以根絕。所以彌爾頓嘗說：「一切偉大人物之最後的缺點，即好名」。人之好色好貨好利及其他一切物質慾望，都絕完了，而此心仍未必能絕。一宗教徒可不婚不宦，茹苦衣單，但仍恒不免望他人之稱譽恭敬。而最奇怪的現象是，人之不好名，亦可成爲得名求名之具。隱逸是依於不好名，但漢代皇帝徵辟隱逸之士，隱逸者反而得了高名。唐代之隱逸之士，隱於距長安最近之終南山，以便隨時奉召。唐代考試，又另有所謂不求聞達科。以不求聞達而求聞達，是最矛盾的現象。但這亦曾訂爲制度。據說有一笑話，說一學生出門多年，再來見老師，說他學會恭維人之本領，專販高帽子（即恭維人之言語）與人戴，於是無往不利。老師說，此對一般人有用，對我却無用。學生說，像老師者，天下能有幾人？老師微有高興意。於是學生說他的高帽子，又販出一頂了。這雖是一笑話，但却指出了人之好名之心之最深的一面。此之謂名韁，其力勝於利鎖。惟賴此名韁，而後一切社會政治之名位能誘人，而後人與人間之是非毀譽，可以搖蕩人之心志，而播弄顚倒俗情世間的一切人生。

把毀譽現象作爲心理現象看，我們說人有好譽惡毀而求美名的心理。但是人不只有此心理。如人只有此心理，則無一人能得名。只順人之好譽惡毀求美名之心理發展下去，人將只願他人譽我，而不願譽他人。如人人皆是只求他人之譽我，而不願譽他人，則亦無一人能得他人之稱譽。故人之所以能得稱譽之事實，即根據於人亦有願稱譽他人之心理。而人之好譽惡毀之心理本身，亦包含有他人對我必可有譽或毀的肯定。故人之有譽人與毀人之心理活動，亦同樣不能否認。

人何以有譽人與毀人之心理活動？他人之是非長短，何異風乍起，吹皺一池春水，干卿底事？人如果只是顧自己生存的動物，人將不管他人之是非而無毀譽。人如果是神，將只有對人之愛與悲憫，或本於正義之賞罰，而無暇于作對人不必有實效之毀譽。毀譽是人間世界的心理現象。這種心理現象，關於毀的方面，似乎可以上段所說好人譽己之心來解釋。因毀人卽壓低他人，壓低他人，卽間接抬高自己，而使人可轉而譽我。至於我之譽人，亦可說是爲的使人轉來亦譽我，此卽所謂互相標榜。但是人之毀人譽人，儘有不出自壓低他人，亦不出自互相標榜之動機者。如我們稱譽古人與遠方之賢哲，卽明知其間無互相標榜之可能者；我們由對一所佩服之人生失望之情後，發貶毀之言，亦明非先存壓低他人之心者。誠然，人之毀人，固或由覺人對自己有害；人之譽人，亦恒由於覺人對己有利。我之當面譽某人，而毀其他之人，亦有是爲取悅於某人，望某人對我有好感，而使我得一利益者。此固皆是由自己個人利害出發而興之毀譽。此外，人尙有不爲自己個人利害而興毀譽之心理動機，亦無容得而否認。

人何以有不爲自己之利害而譽人毀人之心理動機？這當說是因人本會對他人之言行，作客觀的價值判斷。人對自己之言行，皆可有一好壞之價值判斷而有自責，此卽人之良知。人可將此良知之判斷推擴出去，及於他人，以責望人，卽有毀譽。此種毀譽，是直接以我良知所認定之普遍的當然之理爲標準，而看人之言行本身之是否合此標準，遂對其價值，作一判斷。此種毀譽，是無私的，亦是從他人之人格本身作想的。由此種毀譽，恒可發展爲對人之純好意的勸導與鼓勵。此爲毀人譽人之心理動機中最好之一種。

但是人之譽人毀人之心理，尙有一種既非爲己，亦非從他人之人格本身着想的。此可說是屬於廣義的美感者。譬如有人一事作得好，我們卽譽之，或我想作的，我作不到，或未作完，而他人作得好，幫我作完，我們亦譽之。這時我之譽人，是因覺他人之能完成我所原期望達到的一目的或要求。目的要求在我，而完成之者爲他人。此二者配合成一和諧，卽屬於一廣義的美感。此時，他人之言行活動，使此和諧實現，而成就此美感。我們卽依此美感而生稱譽。反之，則可生貶責之言。

這一種緣於廣義之美感之毀譽，細察起來，有一種不穩定性。譬如在此中，我之譽人，如注重其本身之能戰勝困難，以作好某事一面，卽可發展爲上述之對從他人人格本身着想之一種稱譽。如只注重其適能達我個人所期望之目的一面，則我之譽人，實際上只是肯定人之言行，對我目的之實現的一工具價値，因而可說是不自覺的爲己的。而一切此種不自覺的爲己之譽與毀，都是隨自己之一時之目的所決定之好惡而變。我喜歡什麼，而你能作，我卽稱譽你；不喜歡，則責備你。但此時我又不必自覺的想到我得了什麼好處，或受了什麼損失，故又異於純以自己之利害爲毀譽標準者。而文學家藝術家在其心靈爲審美性所主宰時，其對人毀譽之變化無常，亦復如此。所謂依於口味之毀譽是也。

(四)在精神現象中之毀譽

我們以上所講的毀譽現象，都可說是屬於俗情世間。俗情世間卽毀譽與財色主宰的世間，而毀譽之力尤大。馬克思能知財主宰世間，弗洛特能知色主宰世間，皆不知毀譽亦主宰世間。尼采羅素能知權力欲主宰世間，而不知人對人之權力欲乃由人之欲他人承認我、稱譽我、順從我而產生；而毀譽流行之範圍，更有大於一般所謂與權力有關之範圍者。然毀譽之有效的流行，仍在俗情世間，而不在超俗情之眞實世間。

眞實世間不展露於一般人之日常生活社會現象與心理現象，而展露於人之精神現象。精神現象、只是俗情世間中之少數人所常有，或一般人之在少數時間之所偶有者。

精神現象亦可說是一種心理現象，但不是一般人的心理現象。一般心理現象是隨感而自然發生的，精神現象則是爲一自覺的有價值的理想所引導的。一般的心理現象，使人對於外面的世界，作各種主觀的反應，並時求直接改變環境。精神現象則初是人對他自己之心理現象自身的一種反應，而先求改變主宰他自己之心理以及行爲，以使其生活之全體爲理想所引導，而由此以間接改變環境。故精神現象可稱爲一自作主宰的心理現象，或專心致志於一自覺有價值之理想的實現之心理現象。

我們的日常生活，多是順習慣走。順習慣走時，我能覺得。但這是心理現象，不是精神現象。人看見一人一物，便發生許多自由聯想，由甲至乙，由乙至丙；閒居無事，許多念頭在心中，更迭而起。此我亦覺得。這是心理現象，不是精神現象。與人談話，聽人一句話，我生一觀念；我說一句話，他生一觀念；他再說一句，我再生一觀念。羣居終日，任興而談，言不及義。這是心理現象，不是精神現象。以至聽人講書，看人文章，欣賞美術，到教堂作禮拜，到難民所去送寒衣，如只是隨所聞言語，所見文字，所感境相，而動念動情，都恆只是自然心理，而未必見精神。再如一個人，學問有成，隨問隨答，登台講演，口若懸河，聽者動容；字寫好了，任筆所揮，皆意趣無窮。這賴於此人過去之努力中，曾有一段精神；但此人之現在之能如此如此表現，却可能只是憑恃已養成之習慣，而無新的精神。由此以觀人觀己，則知人之自然發生的心理現象，無時或斷。人日有所思，夜有所夢，都恆只是心理現象。至於精神現象，則惟待人自作主宰，而專心致志，於其自覺有價值的理想之實現時而後有。亦卽在人之有創造性的文化活動與道德活動時而後有。

什麼是創造性的活動？不是說所創造的東西，以前未有過，模倣亦可是一種創造。創造性活動之所以爲創造性活動，必達於一內在的標準。卽此活動，乃由我們自覺爲一有價值之理想所引導，而專心致志自作主宰的求實現之而生；同時在此專心致志自作主宰之心境中，包含：對於一切不相干者之排除，及對心中與外面世界中一切成阻礙者之克服或超化，由是以持續此心境自身而無間斷，是謂精神。故寫雜感，不須甚麼精神；寫長文章或千錘百鍊之短文，橫說豎說，歸宗一旨，對不相干之觀念，一一排除，錯誤之見，一一駁斥，便要精神。準時辦公，或不須甚麼精神，成就一事業，於一切困難，水來土掩，兵至將迎，鞠躬盡瘁，死而後已，便要精神。隨地寫生畫漫畫，不須甚麼精神；作一數年乃能完成之壁畫，貧病交迫，手不停揮，便要精神。偶然本好心作好事，不要精神；而發心希聖希賢，成佛作祖，使天理流行不斷，私欲習氣之念，才動卽覺，才覺卽化，便要精神。精神之特性，在能自持續一自作主宰、專心致志的心境，而無間斷。此心境亦恒在其排除不相干者，克服超化其阻礙者中進行。精神生活永遠如一逆水行舟，而直溯水源之航行。而此亦卽創造性的文化生活、道德生活之本性。

我們知道了精神現象精神生活之異於一般日常生活心理現象，便知在精神現象、精神生活中的毀譽，迥異於作爲一般心理現象社會現象經驗現象的毀譽。簡單說，卽在人之精神現象精神生活中，人必然多多少少視俗情世間之毀譽如無物。人亦惟能多多少少視俗情世間之毀譽如無物，而後創造性的文化生活道德生活才可能。眞正的學者，何以敢提倡一反流俗之見之思想？以先視俗情世間之毀譽若無物故。眞正的藝術家文學家，何以能開創一藝術文學之新風格，或反當今之時文而倡古文，反當今之時代藝術而倡古典藝術？

以視俗情世間之毀譽若無物故。聖賢人物英雄豪傑，何以能特立獨行，尙友千古？以視俗情世間之毀譽若無物故。「舉世譽之而不加勸，舉世非之而不加沮」，「自反而縮，雖千萬人，吾往矣」，是一切有精神生活有創造性之文化生活道德生活的人，多多少少必須具備的心靈條件。

俗情世間之毀譽，所以不足爲憑，其理由在我們第一第二節所說：俗情世間之一切言行，皆有被毀與被譽之二種可能。毀人譽人之心理動機，有各色各種，動機不同而爲毀爲譽，亦因而不同。此卽使俗情世間之毀譽，總是在那兒流蕩不定，此盖卽流俗一名所以立之一故。而俗情世間中之毀譽，所以得流行於社會，而成爲對個人發生制裁作用者，其根據則恆只在個人與個人間之會互相暗示、互相模倣、同情之自然的社會心理。然人與人之互相暗示模倣、同情之言行，恆只是一未經思索的自然言行。人可以未經思索的受任何暗示，而模倣同情任何言行。一切眞有價値或無價値或反價値的言行，同可暗示他人，使人加以同情模倣。而利用此人心的弱點，憑標榜與宣傳，聚蚊成雷，積非成是，我們卽可在一時一地，暫時造成一種毀譽之標準，而形成一種社會勢力。因爲在無論甚麼地方甚麼時候，都是有眞知灼見的人少，而隨人是非的人多；人類好譽惡毀之自然心理，或好名心理，亦總是要投此社會之所譽，避社會之所毀，不敢加以違抗的。由此而見俗情世間之毀譽之流行，經常包涵某一種的虛僞性。而人之精神生活或創造性的文化道德生活之開始點，卽在知此中恆涵虛僞性，而先視之若無物。我們亦可說，在人之精神生活、創造性的文化道德生活中，人須要由毀此重流俗之毀譽之念，而自譽其超流俗之毀譽之心境。在流俗的毀譽中，視此種自譽，爲孤芳自賞。但說之爲孤芳自賞，含有貶毀之意。實則一切精神生活、創造性的文化生活道德生活，在原始一點，恆只是孤芳，恆只是自賞。流俗之所以貶孤芳自賞，表示流俗之毀譽，與超流俗之毀譽之心情，二者間有某一種根本的衝突。

(五) 求名心之形而上的根原，與超流俗毀譽之自信心

但是人要超流俗之毀譽，是不容易的。從一方面看，孤芳自賞，或人之自譽其能超流俗之心情本身，亦尚不是人類精神生活中之最高的心情。因此中包含一單寒孤獨之感。人類思想中，特着重在超人間世是非毀譽之情者，蓋莫如莊子。其獨與天地精神相往來之心境，亦卽古今之至芳。但莊子心情中，仍有某一單寒孤獨之感。此外一切純屬個人之精神生活、創造性的文化生活、道德生活之發展，其直拔乎流俗以上升，到此心懸於霄壤，而無人能了解時，人皆不能無一單寒孤獨之感。因人心深處，另有一難言之隱。此「隱」是原於感鳥獸不可以同羣，人畢竟要與人通情。人的心恒需要他人的心來加以了解，加以同情。故逃空虛者，必然聞人足音跫然而喜。人一自覺的要人了解，要人同情，人便可仍免不掉求譽而懼毀，以至重新墜入爭名奪譽之場。

有人說，人需要別人的了解同情是不錯的。但人得一知己，可以無憾，則人仍可拔乎流俗毀譽之外，更何至墜入爭名奪譽之場？但是此問題，實不如是簡單。如一知己而可得，何不求第二、第三知己……以至無窮？如只有一知己，其餘之人與我全不相知，則悠悠天地，依然荒漠。單寒孤獨之感，仍不能去也。而對彼與我全不相知之人，我卽仍不免於隱微之中，望其能知我。而有此求人知我一念，則求譽畏毀之心，仍不能根絕，卽仍有墜入爭名奪譽之場之可能。故超流俗之毀譽，未易言也。

讀者如眞知上文所說，則可見人之於流俗之毀譽，實處於兩難之境。人如欲有眞正個人之精神生活、

創造性之文化生活與道德生活，必須視流俗之毀譽若無物，而求超流拔於一切毀譽之外；然人果超拔於流俗之毀譽，孤行獨往，又不能絕單寒孤獨之感，仍不能絕好譽惡毀之根。故吾人曠觀古今人物，當其少年氣盛，一往直前，能不顧當世之非笑者，恒至老而婞嬰取容，與時俯仰，或貪位怙權，以要名聲。其離世異俗，獨行其是者，至老則又不勝愴涼寂寞之感。此人生之大可悲者也。人處此兩難之間，或轉而生玩世感，幽默感，與承擔悲劇感，以冀逃出兩難之外。然此皆各爲一種心理精神之現象，實無一眞能解決此中問題，今姑不論。

但是我們如果能眞知此兩難之所自生之原因，亦可知如何逃出此兩難之道。此兩難所自生之原因，是人旣要求有拔乎流俗之精神，而又不能離世而孤往，人必求與世人通情。由是我們可逐漸了解人最難根絕之好譽惡毀之心理，實是人之要「通人我而爲一」之道德感情的一種虛映的倒影。人之求名求譽，只是爲了使人心靈中有我，所以一個人可殺身以成其名節。一個自願殺身以成名的人，其臨死之際，除了知道在後人心靈中，將有他以外，還有什麼？桓溫說，大丈夫不能流芳百世，亦當遺臭萬年：無美名，臭名亦好。這更表示一純粹的只望百世萬年之後，人之心靈中知有我的心理。是見人之好名求譽之心之所以生，只是因我知道我的心以外，還有他心，而要他心中包含有我，以形成一統一而已。充量發展的好名心，所以可成爲求無盡之名者，則因我知有無數他心，故望此無數他心中皆有我也。如果我根本不知有他心，或我心中先莫有他心之觀念，則我亦無處去求名，而我若不求他心中有我，亦無所謂求名。然我心旣非他心，我何以必求他心中有我，而後我心得滿足？吾人於此問題，可思之又重思之，然而答案唯一：即我與他人間，有一心靈上的相依爲命，或我與他人有一形而上的統一。直接呈露此通人我而爲一形而上之統一者，爲人之道德感情。而人之求名心，則可說爲此道德感情或我與人之形而上的統一本身之虛映的倒影。

何以說求名心爲道德感情或我與人之形而上的統一本身之虛映的倒影？因在道德感情中，我自覺的要了解他人、同情他人、幫助他人、扶持他人，將我所知眞美善告人教人。此時，我心中卽包涵了他人，而求我自己對他人有所助益。這是人在我心之情愛所潤澤之中之下，而我心之情愛，則自內流行以及於外。我是施者，而人是受者。這便是我之直接體現呈露此人我之形而上的統一。而在我們求名譽時，我求人心中有我，則我成爲一被了解者，被同情稱讚者，我望有一個一個的他心，來施稱讚于我，則我落在一一自上而下的稱讚我的他心之下，而成一純受者。又因此中我之心，是一在下的純受者，故視能施稱讚給我之他心，在我之外。他的心旣在我外，而我又欲內在於此他心之稱讚中，以造成一統一。於是此統一亦卽一方成一爲我內部之所求，而又在其外之統一。而此所求之統一，卽可名之爲直接體現呈露人我之形而上的統一之道德感情的一虛映的倒影。

以上所說之一段話，對一般讀者，恐只有細細體驗一番，才能明白。如果眞明白了，便知人之好譽惡毀之心，乃一深入人心之骨髓者。人在幼年少年青年以至壯年，只是一往發展他自己之興趣、才情，可以不知毀譽爲何物。一個天才型人物，亦可終生只是任天而動，無人無我，任其興趣與才情之所極，以發揮其生命精神，成就其精神生活，而可一生不知毀譽爲何物。這種人是天地靈氣所鍾，其一生亦只是表現發洩其所賦自天之靈氣，表現完了，卽洒手而去。但是這種人太少。而這種人與一般之少年壯年人，不知毀譽爲何物者，都可謂其精神尙在一人我渾然，未眞正劃分的境界。而當他一朝眞覺到人我之劃分，我外有人，人們各有其心在我心外時，他亦卽可感到人我間如有一深淵。而此深淵，同時造成他自我內部一種難以爲懷的分裂。這時人便必然會求貫通人我心的道路。其中一條，是直承形而上之人我之統一，從我發出一道德心情，而求自己之情愛有所流注，自己之力量有所貢獻，使我之心能通向他人與社會；而另一道路，則是望他人之心來稱譽我、讚美我，使人的心通到我這裏來，由此以使我得客觀化而存在於他人之心，以獲得一我與人之統一。後者雖爲前者之虛映的倒影，然其本源是前者，故三代以下惟恐不好名。三代以上，是人我未分之世界。三代以下，是人我既分之世界。人我既分，人便總要走一條貫通人我之道。功名心與道德心情之所由生，同表示人與我之有一心靈上的相依爲命，人與我之有一形而上的統一。但是人順功名心下去，因他人先已被置定爲在外，則此人我之統一，永爲我所求的，而非爲直接呈露於我的。我永在求一外在於我之他心，使我得投入其中，此中有永不能完全滿足之渴望，永不可完全彌補治療之人心我心之分裂，而我與他人或社會，復同時落入一以力量互相對峙較量之關係中。因一方面，許多人之同要爭名奪譽，是一力量較量的關係，此中有成有敗，有得有失，使人心志不寧。而尤其重要的一方面是：人之求名，乃求他人或社會承認我，但此實依於我之先承認他人與社會之毀譽對我的重要性。而我既然承認他人與社會所發之毀譽對我的重要性，則他人與社會之毀譽標準，卽有力量轉而主宰我自己，而我必不免於去求合他人與社會之毀譽標準以言行。而俗情世間的毀譽標準，又必然是無定的。由此而人最初之一切天賦的興趣才情、自覺的理想、自定的價值標準，便都會在要隨時順應他人的標準以言行之一念下，而日漸銷磨斲喪。人如愈好名，與緣好名心而好位好權，則此銷磨斲喪之事進行愈速，此中竟爾毫厘不爽。任何强作氣之奮鬥，都絲毫無用。此是必然的眞理。而回頭的路，則只有把一切向外求功名的心，全部抽回來。然抽回來，只是離世異俗，以忘毀譽超毀譽，又不能免於上述單寒孤獨之感，這便逼人只有轉而走發展道德心情，以通人我的一條路。

對於人生之毁譽問題，在中國先秦諸子思想中，實十分重視。當時最熱中的功名之士，是所謂縱橫家法家之人物。這些人想各種方法，以求時君世主之賞譽。但是韓非子之說難一篇，却同時把人無論如何亦不能必然得譽而避毁之道理說出了。墨家以貪伐勝之名爲無用而尙實利。道家的人物，則看清了徇名者必失己，而求超毁譽，又不免走到一離世異俗之路，而難逃空虛者之哀。只有儒家在此斬釘截鐵，分辨出一個君子求諸己，古之學者爲己之學。求諸己或爲己之學，一方是要視世間毁譽若無物，而拔乎流俗；但同時要人盡己之心，以發展其道德心情，以通人之心。後來宋明儒者，無不在講明此爲己盡己之學。劉蕺山著聖學吃緊三關，其第一關卽人己關。此關是不易過的。過得此關，方見爲己盡己之學之實義。這是一旋天轉地的樞紐。古往今來，莫有多少人眞完全過得去。過不去，不是一定對他人有甚麼不好，但過不去，則個人之一切天賦精神力量，必然在他人與社會前銷磨斵喪，個人總在不斷失去其自己，而永遠在一有人我對峙之世界中生活；乃永不能直接體現呈露人心深處之人我的形而上的統一，而永不能上達天德。

我們如從一方面去看，則社會上儘多本道德心情，以爲社會或家庭或一團體服務，而不求名聲之人，他只希望對人作點有益的事。這種人在智識分子中少，而在一般社會中確多。自此說，求諸己盡己之言，亦易作到。但是我說，這是屬於一般人之天賦性情的，這不眞見工夫。眞工夫，要碰着困難才算得。譬如說一個人可以本其天賦的性情，而樂善好施，此尙容易。然一人樂善好施，至傾家蕩產，雖他人無一言以同情讚賞，而猶望有日再得家產千萬以施舍貧苦則難。若他人不僅不同情讚賞，乃轉而反對其所作之事，視爲毫無價值，或以爲存心叵測，以至加以埋怨毁謗，而他猶能冒天下之怨謗，以行其素，此又難上加難。

此外，任何絕對不計毀譽，一往只求諸己盡己之事，亦實是莫不在原則上有同樣之困難。故知眞正要過此一關，此中必有一番大工夫在。

此大工夫所在，決不在意氣。意氣至老而衰，歷久而弱，與他人意氣相抗而馳，終濟不得事。然則此工夫，在何處求之？答：此工夫唯在眞正之自信求之。只有眞正自信，可以彌補不見信於他人時之心靈上的空虛，而可冒天下人之輕忽怨謗，以行其素。何以人有眞正之自信，即可冒天下之怨謗而行其素？答曰：怨謗者乃他人之判斷。然眞自信者，自知其言行之眞是之處何在，卽能自判斷其言行之爲是，因而卽能判斷他人之疑惑怨謗之爲非。旣知其爲非矣，則吾又能知「我之判斷其爲非」之本身爲是。此之謂自信。有自信，則一切無根之疑惑怨謗，無不一一萎落銷沈於此眞能自信之心前，而若未嘗存在。「自反而縮，雖千萬人，吾往矣。」此無待於强作氣也。自信心之足以超臨於流俗之上，能以「一是」非「衆非」而已矣。

或問：我是一人，彼是千萬人，何以一人之自信心，可以勝千萬人？答：如實言之，眞自信心者，能無限的自判斷其心之是之心，亦能知一切非之者之非之心也。無限一切，非數之所能盡，豈只超越流俗之千萬心而已哉。此非玄學，乃實事也。

何以言之？譬如，我寫此文，如我確知不是爲名爲利，則無論有千萬人說我是爲名爲利，此千萬人總是錯的。再有千萬人說，仍是錯的。於是我在現在卽可以斷定，古往今來，橫遍十方，一切無量衆生，說我是爲名爲利，一律無一是處；而於我之謂其無一是處，則可自知爲絕對之是。人能於此切實參究一番，便知當下一念之眞自信心，卽一能「無限的自判斷其心之是，亦能知一切非之者之非」之無限心體之當下呈露。而自信者之自信中，所包含之自己對自己之此種內在的無限了解，與其中之自慊，即可代替人於求名心中所求之外在的無限的他人對己之了解賞譽，而與之爲等値。由此便知千萬人非多，一人非少。道之所在，德之所存，天下人知之譽之而未嘗增；我行我素，舉世莫我知或橫加謗議，而我一人自知之，「知我其天乎」，而未嘗減。此皆非玄學而爲實事也。聖人所以能自信其心之「建諸天地而不悖，考諸三王而不謬，質諸鬼神而無疑，百世以俟聖人而不惑」者，正以此當下之心之自信，即已能窮天地、亘萬古，而知其莫之能違也。人能於此向上一着之參悟上立根，然後眞能拔乎流俗毁譽之場，游於人世是非之外，而有獨體生活之形成。莊生之學，抑尙不足以語此也。

（六）爲俗情世間立毁譽標準所在之重要

爲己之學，到家是自信。但自信到家，則必須再求爲世間樹立毁譽之標準，此卽孔子之所以必作春秋。此尤爲一切學問中之最大學問。何以眞自信者，尙須爲世間立毁譽標準？曰：此非眞自信者爲己之事，乃眞自信者本其道德心情，以爲世間之人之事。蓋流俗世間之人，勢不能直下一一皆成自信之人也。流俗之所以爲流俗，乃在其一切毁譽標準，總在那兒流蕩。流蕩不已，是非淆亂，而人生道喪。人之名與實乖，人之德與位違，智者寂寞而愚者喧，賢者沉淪，不肖者升，人間乃有無窮憤懣，無限寃屈，無端哀怨，此之可悲，亦可不亞人世之飢寒之苦，與鰥寡孤獨之無告。故知流俗世間，必有爲之定是非毁譽之標準，止其流蕩之無已，而爲之主，足以慰人情之求名實之相應者。此則非有眞知灼見，能念念本良知之判斷，以爲是非，對人不爲求全之責備、不逆詐、不億不信，不由果罪因，不以私亂公，而由人之本身設想（參考本文第一、三段），以施毀譽之眞自信者，將不敢於一時流俗之標準外，另定標準，以冒流俗之毀也。眞自信者，求爲世間立是非毀譽之標準，又必本此上所言之大不忍之心行之。此心之願，除欲正是非，一平人間之憤懣寃屈哀怨之氣外，更無他求。非欲暴其矜持之氣，以與世相亢也。夫然，故論道宜嚴，取人宜恕。激切之直言，固所以自絕於鄉愿，亦以不直則道不見也。然除此以外，亦恒須寓毀譽之言於隱約之褒貶，使言之者無罪，聞之者興感發而自戒。斯毀譽之爲用，乃日同於教化，是孔子春秋之志，名教之所由立也。至於聖人之存心，或理想之人間世界，則當期於一切人之直接相與之譽，皆化爲人之互欣賞其善之事，而毀皆化爲人之過失相規之事。對遠方與古代之人之毀譽，則化爲恨吾之未得見，嘆息其過之未改之情。人之互欣賞其善，與人之過失相規者，師友間之事，其中固可無人已毀譽之見，存乎其中。而俗情世間之毀譽，至此乃眞超升而入一眞實之世間，遂若存而實亡。莊子曰「魚相忘乎江湖，人相忘乎道術。」「與其譽堯舜而非桀也，不若兩忘而化道。」有毀譽，則人與我不能相忘。人與我不能相忘之世間、破裂之世間，乃未嘗體現呈露人我之形而上的統一之世間也。故有毀譽之世間，惟是俗情世間，非眞實世間。然此上所言，人互欣賞其善而過失相規，是視人之善若其善，視人之過若其過，此卽人我相忘之世間也。然此人與我相忘之世間，非逃空虛之境，亦非人我隨緣遇合之境，而是人之心光，相慰相勉，相照相溫，而關見無限光明，無限情懷之世間。此卽儒家之理想的人間世，所以勝於道家也。至於在今日眞能自信，而關心世道人心者，所以爲世間樹是非毀譽褒貶之標準之道，又當自視其在社會所處之地位，所當之時勢，所對之人物，而不一其術。然要皆可各有隨時隨地隨機，足以自盡其責，以爲流俗世間，定是非毀譽之標準之事在。凡此等等，皆各有一番大學問存乎其中，而一一存乎自信之仁者之心。是則有待於讀者之深思自得者也。

四十三年十二月十四日

第二篇‧‧心靈之凝聚與開發

(一)心靈之凝聚與開發之輪轉相

人間萬事由人而作。而人之作事，由於心靈爲之主宰。心靈之大德，卽在能開發他自己，亦能凝聚它自己。

心靈的開發之反面，是心靈的閉塞；心靈的凝聚之反面，是心靈的流蕩。閉塞似凝聚而非凝聚，流蕩似開發而非開發。

在我們日常生活中，我們恒不免本自己一套不自覺的情見私欲或習氣，來作主張。這些情見私欲或習氣，在我們的心靈的天地中，憑空添上許多墻壁，心露安得不閉塞？

但是人在要把這些墻壁加以推倒時，又常連人帶馬，一齊都倒，整個的生命心靈，都向外流蕩。此情見、私欲與習氣，則如泥沙之與黃河水同時泛濫而出。人之心靈，昏濁如故，不過貌似流行有力而已。

此時再築提堵塞，人之心靈又或再歸於閉塞。

大約人通常都是在此心靈之閉塞與流暢中輪轉。流蕩便不能凝聚；閉塞便不能開發。以流暢爲開發，以閉塞爲凝聚，則產生人生之一最大的顚倒見。

而另一人生最大的顚倒見，則是在心靈正閉塞的時候，人因自甘閉塞，於是反而視心靈的開發爲流蕩，而不去求開發。而在心靈流蕩的時候，他亦可因自甘流蕩，於是反而視心靈的凝聚爲閉塞，而不去求凝聚。此卽自己關了能超越閉塞與流蕩的智慧之門。

這時須要開發智慧，亦須要凝聚智慧，去認識甚麼是眞正的心靈的凝聚與開發，其與心靈的閉塞與流蕩之別，在何處。本文想多少幫助讀者有此認識。

我不希望說的太多，以免使讀者之智慧流蕩。如果讀者覺得我說得太多，希望他本其智慧再加以凝聚。如果讀者覺我說得太少，亦希望他自開發其智慧，以思惟本文之所未能說及者。

欲認識心靈之凝聚與開發，無妨先從似在心靈之外的事物之凝聚與開發說起來。我們說心靈，不先說心靈自己，而先說它以外的東西，使人先想它以外的東西；此「想」，亦是心靈自身的一種開發。而由此再回頭，說到心靈自己時，則又是心靈自身的一種凝聚。

(二)自然世界中之凝聚與開發

我們知道，自然界的事物總是不斷在那兒開發，那兒凝聚。開發是一化爲多，凝聚則多結爲一。萬物由開發而生，由凝聚而成。這是中國先民極早便認識的道理。從一般物理說，動是開發，靜是凝聚；熱是開發，冷是凝聚。從時間說，晝之陽光普照，是開發；夜之覆蓋萬物，是凝聚。春生夏長是開發，秋收冬藏是凝聚。從植物說，百花齊放是開發，綠葉成蔭子滿枝是凝聚。種子開花，花結種子，是一無盡相續的開發而凝聚；凝聚而開發之生命歷程。而從整個之生命世界說，則你看植物之位於一定的空間，上承雨露，向日朝陽，下面根鬚四出，以吸養料，而成其自己枝幹花葉，這便是一種以開發為凝聚。而動物之賴植物為生，必有休息睡眠，以反於混沌無知，然後醒來能巡行四方，游目四顧，便是一種以凝聚為開發。一切生之孳生，大皆由雌雄牝牡，交接凝合而生，人間兒女言情，乃在山間水涯；夫婦欣合，恒於洞房靜夜。

亦以其他人緣既斷，彼此之精神與生命，乃更得其凝結之道，而後能開心發情，生兒育女也。由此等等；是知在自然之世界，實無往而不見凝聚，無往而不見開發，而二者乃相依以成宇宙之日新而富有者也。

(三)心靈與自然世界之關係

其次，從我們人與自然之關係上說，則人之異於其他自然萬物者，在其有自覺的心靈。此自覺的心靈，亦即宇宙之心。人由此自覺的心靈，向外面之自然看，只見日往月來，雲行雨施，草木茂盛，禽獸繁殖。此不斷日新而富有之自然世界，從整個看，只是一大生廣生，生生不已，不斷開發化育之歷程。其中間之節節段段凝結聚合之歷程，若隱而不見。人於此遂唯知贊天地之化育。然而人如回頭看人之此心，何以能認識體會此自然世界之森羅萬象，與其開發化育之歷程；便知此乃是以天下之至虛，容天下之至實；以天下之至簡，御天下之至繁；以天下之至微至精，彰天下之至廣與至大。只此心之一點靈光不昧，便能包涵萬象，使日月於此見其明，山河於此呈其形，風雲變態，花草精神，飛者飛而走者走，皆為此一點靈光之所徹，如一一收攝於此靈光之內，再卷而懷於其此心之無盡藏之中。則吾人心靈之在自然世界，即自然萬象凝聚之所。而天地之所以有人，人之所以有心靈，蓋即以若無人之此心靈，則整個自然萬象，將只是分別並行的自凝自流，而無統一的凝聚之所也。

(四)人文世界中之凝聚與開發

然我們自人對自然加以認識之活動本身，及人對自然世界所作之事業，所造之文化看，則又將見此一切皆依於人之自開蘊藏，而自發其心。混沌鑿破而人工開物，天機洩露而人文化成。人之能造物質文明與社會文化，皆不外將自然與人心本有之能力，使之由隱而顯，由幽而明，由寂天寞地而地動天驚。此若無所增，又大有所增。此所增者在形式，不在材質。形式者，文也。故曰人文，曰文化，曰文明。人文、文化、文明者，以人對自然之開發一面而言也。

但是尅就人在自然所造之文化自身看，亦復由二面構成。一面是文化中已成之具體成績，一面是運用此一具體成績之人之精神。此已成之具體成績，原爲人創造文化之精神所凝聚而成。而運用此具體成績之人之精神，則可對此具體成績之意義與價值，加以新認識，新理解，新開發。已成之具體成績，謂之過去之歷史。而認識理解過去歷史之意義與價值，加以新開發者，謂之生生不已之人類創造文化精神。唯此生生不已之人類創造文化之精神，能創造人類未來之歷史。

自歷史以觀文化，則人類全部文化，自今已往，皆是歷史。而歷史中之事，一一既皆過去人精神之所凝聚而成，則一一如皆已決定，永不改移。人之歷史意識，乃一一再加以認識考證。愈認識考證，而如愈決定，愈爲永不可改移者。此之謂人生之歷史意識本身之凝聚性。然而自人當下之創造文化精神，以觀歷史，則歷史實存於人之歷史意識之中。歷史中之事之意義與價值，皆在現在與未來。如現在未來尚未決定，則歷史中之事之意義與價值，亦不決定；而唯由人之創造文化的精神，以刻刻加以翻新。此之謂人之創造文化精神本身之開發性。

其次，從人類文化中之各部份看，則一切社會政治經濟之組織制度，爲無數人之共同習慣、共同理想之聚積凝結所成，其性質遂比較固定而難變。而一切文學藝術之作品、學術思想，則更賴於個人精神之創造與開發，其內容遂複雜而多岐。故觀人類文化生活之軌道，必觀之於制度；論人類文化生活之生命，則必求之於文學藝術與學術思想。組織制度，當求其安定而可久，足以凝聚羣衆之人心；文學藝術與學術思想，則當求其能善化腐朽爲神奇，足以開發個人之德慧，以文學藝術對學術思想而言，則文學藝術重在興動人之情感，偏於開發；學術思想重在統整人之觀念，偏於凝聚。在學術思想中，則由約至博是開發，由博返約是凝聚。故科學更重開發，哲學更重凝聚。凡此之分，皆相對而言，可說者甚多，而不必一一加以列舉。

(五)人性人格與人文之關係

然文化乃原於人精神之創造，表現於社會。唯人之人性自身，乃人一切精神之創造之本原。人之人性原於天。天心開發，天德流行，凝聚以成人心與人性。人心人性開發，而有個人之人格實現，社會之人文化成。然文化之內容，可分部門與領域，而個人之人格，則各爲統一之獨體。由個人之人格，分別發展開拓其各種心靈活動，而個人可有所貢獻於社會文化之各方面；社會文化之各方面之發達興盛，又聚合交凝，以陶養一人之人格。故又可謂人文由人格而生，此如繁枝茂葉之原於一一之種子。復可謂人格由人文而成，此如花葉相扶，還結爲一一之果實。果實或種子爲自然世界生機之所寄；而個人之人格，爲人文世界人類歷史世界生機之所寄。故由觀人文世界之複雜豐富，至觀個人人格之統一而各爲一獨體，而後吾人觀此人間之智慧，乃由分散而集中凝聚於此人間之至實與至眞。

各種人格中，有由人性之自然的表現開發，及社會文化之自然的陶養鑄造，而成之自然人格；亦有眞正能自作主宰之精神人格。人之人性自然要表現開發，人所生息之社會文化，亦自然要去陶鑄出與之適應之人格。由此而有上所謂自然人格。此自然人格，如爲一自然之人性，經社會文化之風氣之自然的吹拂，所成之果實。而此果實，却不必卽能爲開創未來文化之種子。唯眞正自作主宰之精神人格，乃能既承天心之開發、天德之流行，以有其自然之人性，而又不只任此自然的人性自然的表現開發，而能自覺此人性之爲我有，而自己決定其人格之如何形成；於是乃能一方承受其所生息之社會文化之陶鑄，又能轉而陶鑄其所生息之社會文化。然後可爲開創未來文化之種子，既能爲果，亦能爲因。自作主宰之精神人格，卽其心靈或精神能自覺的自己凝聚於其自己，以自己開發其自己之人格。此宇宙間之開發凝聚之二大理，亦唯在自作主宰之精神人格中，乃不復只相對而並立，分散於外在之萬物，且顯其眞正之統一，以直接呈現於此精神人格之內部。

(六)心靈之閉塞相與流蕩相之因與緣

心靈之開發不易，心靈之凝聚尤難。大率質地樸厚者，心靈最待開發；而天資穎秀者，其心靈最須凝聚。否則質地之樸厚，或歸於智慧之閉塞，而天資之穎秀，難免於聰明之浮露，而歸於精神之流蕩。閉塞爲心靈開發之大敵，流蕩爲心靈凝聚之大敵。知己知彼，百戰百勝。不知心靈之有大閉塞與大流蕩之患者，亦不足以知心靈之凝聚與開發之要也。

人之生也，形氣限之，限於身軀之七尺，限於有生之百年。唯人此身軀之勞而必求息，則人心有白日之昭明，亦有睡眠之昏沉。唯此百年內，人不能長壯不老，則人有精力充沛之時，亦有神志衰退之期。欲養此身軀，人不能無飲食之事，欲續此生命，又不能免男女之欲。此皆人與生物之所同，自然所施於人之大限。然謂此爲心靈之大患所在，或溯原此心靈之閉塞與流蕩，於此人與生物所同有之大限，則又似是而實非。蓋凡此人與生物所同受之限制，實依於天地間凝聚開發相依而有之公理。此觀前文所論而自明。人依此理，日出而作，日入而息，而幼壯，而衰老，而有飲食男女之事，以與萬物共此天地間之公理，以自凝聚自開發其自然生命，固不必足見人之德性之所存，然要亦非人眞罪惡之所在。人心靈之閉塞與流蕩，乃人之心靈內部之罪惡。若徒溯其原於人自然生命中所受之限制，此乃卸責歸罪之方，是由吾人未嘗凝聚此心以觀此心所生之謬見也。

如實言之，人心靈之閉塞與流蕩，只有其如何如何之閉塞與流蕩之相貌，可資描寫。其外緣，亦可加敍述。然實無決定其必有此閉塞流蕩之外在原因可追溯。無論追溯之于自然之限制，或人類祖先之亞當，或前生之業障，此皆出位之思，而無究竟之論可得。如謂此原于一魔，則此魔亦不在外，而非有實體，足決定人心之必有如是閉塞或如是流蕩也。若果眞有外在原因或實體之魔，足決定人心之必有如是閉塞或流蕩，則此心靈如是閉塞或流蕩之命運，卽必然注定，決無可逃；而化閉塞爲開發，以凝聚止流蕩之事，亦終古無可能。人之自開發而自凝聚，以成自作主宰之人格，亦終古無可能矣。

心靈流蕩之相貌，爲開發復開發，而無凝聚。心靈閉塞之相貌，爲凝聚復凝聚，而無開發。開發復開發而無凝聚，如開發之離凝聚以遠颺；凝聚復凝聚而無開發，如凝聚之捨開發而自鎖。人心靈之開發與凝聚，乃相依相養以爲命。而當其相離，則開發如遠颺無歸，遂成流蕩；凝聚如自鎖不出，遂成閉塞。流蕩之心，依于開發，而失開發之所依；閉塞之心依于凝聚，而失凝聚之所依。故在能自凝聚自開發之先天心體上，皆爲無根，而只根于此心體之一端之用。一端之用，不與他端相輔爲用，以周行不殆，遂還自竭。故流蕩之行，閉塞之志，終難久持。持之既久，心靈之生命，乃歸于自殺。

心靈之閉塞與流蕩，皆在先天心體上無根，而唯由于心靈之自陷于其凝聚或開發之一端，以使二者相離而生。至于此自陷之何以生，乃不能再問者。此是盡頭處。若人再問，即是執此自陷，爲一實在之對象，而視如有體。此執之本身，即爲自陷之加深。須知此自陷，實只有相有用，亦可姑說依于一自陷性爲根；然此性非心體之本性，而此性仍在心體上無根。故于此性，亦不能視如有體，而吾人之視自陷如有體之執，其本身亦只是另一自陷。此另一自陷，還復在心體無根。此義讀者有疑，無妨暫存于心，以供參究，以待一朝之豁然，亦不必勉强求解。然由人心之自陷，而成閉塞與流蕩，則有外緣可說。明其外緣，則亦可助人之釋此惑。

人之心靈之閉塞之外緣，卽人過去生活所留於心靈之內在的累積習氣（私欲意見均由習氣成）。人之心靈流蕩之外緣，卽人之當前生活所遇之環境中，外在的不斷刺激。然此過去生活之累積習氣，並不必然的決定當前之我爲此累積習氣所縛，以致此心之閉塞；而此環境之不斷刺激，亦不必然決定當前之我爲此不斷刺激所搖，而致此心之流蕩。故皆只爲當下此心之閉塞與流蕩之外緣，而不能爲其因。

我們前由人心能認識自然世界之萬象，而存記之於心，以見此心之爲無盡藏。然人心匪特能認識自然世界之萬象，而存記之於心；亦且能將其在人間世界之生活中，自己所見所聞所感所思之一切，一併存記之于此無盡藏中。此皆可見人心之凝聚一切，而加以保存之盛德。然人心之每有一存記，乃人心自己之自呈其凝聚之用之一結果，而此一結果復有一吸注人心，還就其中，加以執着以沉陷其中之另一用，而足致心靈閉塞之結果者。由此以觀此心爲無盡藏，卽亦爲內含無盡之幽暗，而暗中如有無盡之陷阱者。吾人平日生活中，每一觀念之生，每一情欲之動，每一行事之成，當其保存于此無盡藏中時，皆可各從其類，凝爲習慣。而此習慣既成，則無論爲善爲惡，皆爲可吸引人之還就其中，加以執着而沉陷其中。則此時之惡習慣，固可導人爲惡，善習慣亦可使人蔽于小善，而忘大善，以成不善。此習慣之可吸引人沉陷，如有一種不可見之氣，故名之爲習氣。

我們說人心之又一大用，在其能開發自然，創造文明文化，與形成歷史。于是人之環境，卽恒非一自然環境，而是一社會文化文明之環境。人今所處之自然環境，亦多早經人之改造，而非復自然之本相。由此而見人之精神能主宰自然，以開創出人文世界之盛德。然人所創造之文化之成績，由物質器物，至文物，如藝術作品與書籍等，所表現者，皆依人某一目的而成，亦所以供人之達某一目的之用者。故當其接于人之耳目之時，人卽恒同時思如何加以應用。於是一物質器物或文物，分別言之，固無不可爲人之心靈之繼起而有所開發之所憑藉；然當其紛至沓來於人之前，爲人所目不暇給之時，則可互相牽連，以成爲對人心靈之一引誘，而導致人心靈之流蕩者。如吾人至都市街頭，目迷五色，則恒不免導致一心靈之流蕩，而自然界中之雲霞燦爛，則不導致心靈之流蕩者。正以都市街頭之每一物，皆不自覺間引誘人對之作一要求，思憑藉之以達一目的。然欲此物之目的未達，而彼物之刺激已來；於是人之心靈，遂方欲住此，又復之彼，遂成流蕩。夫心之欲得一物以達一目的，亦是一種心靈之開發，而當其既達一目的，則復歸於凝聚。至在此流蕩之心情中，其方欲住此，又復之彼；正是此心之尚未得凝聚之所，又復另求開發。後一開發之生，正承前一心靈之開發之用，其未完成處而起。故其先後一開發，未能直接依於先天之心體，而成浮游無根者。此種人文事物之足導致人心之流蕩而浮游，不僅都市街頭目所迷之五色為然。即對于人與人間交游聚會之事，一時代之社會文化風氣之變動轉移，學術思潮之動盪起伏，人若無貞定凝聚之心靈，與之相遇，而只是隨人脚跟，學人言語，與時俯仰，隨衆是非，無不可導致心靈之流蕩而浮游。人或於此冥然罔覺，遂由心靈之流蕩浮游，進至生活上之放肆恣縱，對人態度之輕薄佻達，終於整個人格之墮落。是乃不知人造文化之成績，社會文化之風習，亦可為人心靈之重重誘惑，人心靈沒頂之漩流之義之過也。

（七）心靈之開發與凝聚之易與難

我們如果了解此導致人心靈之閉塞與流蕩之諸外緣，便知人心之能存記一切而為無盡藏，能開發自然，創造社會文化，固見人心之能「卷之以退藏於密，放之則彌六合」之盛德與大業；然此心所存記與社會文化之自身，同不足恃為我當下的心靈，自作主宰的任持其為一能開發又能凝聚的心靈之憑藉。匪特不足恃之為憑藉，而此亦正為吾人當下之心靈可能由之而致閉塞之陷阱之所在，與可能由之而致流蕩之漩流之所在。吾人唯有知此當下的心靈，于此之一無足恃，內見處處如有陷阱，外見處處如有漩流，而生一如臨深淵、如履薄冰之戰慄危懼之感，然後方足語于眞正之自作主宰的精神人格之樹立，及能自己凝聚亦能自己開發的心靈之樹立。

但是此樹立，似難而又不難。因此上所說爲內外之陷阱與漩流，其本身亦並非陷阱與漩流。因其本身皆依于心靈之能凝聚一切、開發一切之盛德而有。惟因吾人之有墮落之可能，而後反照出其爲陷阱與漩流。而此所反照出之陷阱與漩流，又實未嘗必然的決定吾人當下之心向之而墮落。故人於此一念超拔，內不爲個人習氣之俘虜，外不逐物而徇世俗，則個人已往之經驗，皆開發我未來生活之種子，人類所造之社會文化，皆人鋪陳于自然之錦繡，而足以衣被人生者，更何陷阱漩流之足言。然此義終不易爲人所直下承擔，而在吾人今日則尤難。則吾人仍當先知吾人心靈之閉塞與流蕩之患，實不易除，而更當有一艱苦之感也。

(八)吾人今日在社會文化上之處境

吾人今日之所以尤難免於心靈之流蕩與閉塞之患，不特由於人類之通病，且由吾人今日社會文化上之處境。大率人在青年，其人生經驗不多，知識不富，而人事關係亦少，故成見不多，私欲不雜，其精神恒能向上開發，朝氣勃勃，少心靈閉塞之患；而其患則恒在易感易動，向外馳求，而心靈苦難凝聚。反之人當老年，則經驗漸多，知識日積，精力內斂，更能凝聚；而世故漸深，成見日固，其患遂患在心靈之閉塞。一民族亦然。當其初興，恒善表現其創造文化建制立法之天才。及其歷史既久，則其過去之文化成績，既爲其未來文化之繼續開發之根據，亦恒爲其繼續開發之桎梏。中華之民族，正爲歷史最久，過去文化之成績積累最多之民族，而其文化之成就，愈至後期，亦愈偏重在用之于凝聚、摶合、和協此一大民族之人心方面（拙著人文精神之重建卷下「人類精神之行程」曾詳論此義）。而今之西方文化，則原于諸較年輕之民族所創造。故精力充足而重在分途開展，以發揮表現其力量於世界。中國文化發展至滿清，其大病正在民族精神之由凝固而膠結而閉塞。西方近代文化，自十九世紀至今，整個言之，明是由四面開拓發展其政治經濟之力量，而使此力量到處流蕩致淪爲世界之侵略者。其學術思想主義，亦愈分愈歧，愈變愈奇；忽而民主，忽而獨裁；忽而資本主義，忽而共產主義；忽而個人主義，忽而社會主義；似日新月異層出而不窮，實則日近於走馬燈。其精神正日近於流蕩。而以此分歧流蕩之西方政治經濟勢力及學術思想主義，與中國之滿清之閉塞相遇，於是中國之凝聚固被衝開，中國之社會文化亦日被破壞。各色各樣之政治主義學術思想，流蕩於中國之結果，乃使中國人心亦流蕩不已，無一息之安。而終有共黨之專制極權之臨于中國，此曠古生民所未有之奇禍，皆中國式之閉塞心靈與西方式之流蕩心靈合作之產物，而在今日吾人自救之道，則惟賴吾人由心靈之凝聚，以從事心靈之內在之開發，而開發中國傳統之文化，以凝聚西方之近代文化也。

自吾人之先天心體言，彼實原具卽凝聚而開發，卽開發而凝聚之大用。此心體之大用，恒見于吾人心靈之自覺。心靈之自覺，是心靈之復歸于自己，是謂凝聚。然人之心靈，不超升一步，卽不能自覺。此超升之謂內在的開發。故人之自覺之事，乃念念凝聚，亦卽念念超升，而念念開發者。但捨此心體之大用或自覺之本身不說，則此凝聚開發之二用，恒由所對治之心靈病患之不同而分別呈露。閉塞之病患見，則要在開發；流蕩之病患見，則要在凝聚。由此看人格之形成，則其重在心靈之開發而去閉塞者謂之狂，而其重在由心靈之凝聚而制流蕩者謂之狷。人能狂而後有風，人能狷而後有骨。風骨者，依心靈之開發凝聚而後有者也。由此以看中西歷史文化之發展，則中國三代之敦厚，蓋偏在表現民族心靈之凝聚。春秋戰國之學術與社會，則偏在表現民族心靈之開發。及戰國士人精神流蕩、化爲游士，而秦則繼之以閉塞。漢高祖豁達大度，爲一能開發秦之閉塞者，漢光武爲一具凝聚精神之人格。大體說魏晉南北朝，乃爲另一流蕩之時代。而隋之集權專制，則爲此流蕩之反動。唐承隋而重文化與國家土地之開發。宋之立國與學術文化，則重凝聚，明法唐而功業不繼，至清而政治文化精神，日益成爲閉塞。清亡至今，社會政治之變動迭起，歷新文化運動以來，民國之學術思想，大皆中無所主，人心又趨于流蕩。故有共黨之欲由極權以閉塞人心。至于今日海外之自由人士，則以承新文化運動以來之學術思想，其病患則不在閉塞，而仍在流蕩。則爲今之計，必須兼開共黨之閉塞，並凝聚海外之人心，而後可挽回中國之國運。然共黨之閉塞，吾人不能自其內部開，而須由外部打進。而此時外部之人心之大患，既在流蕩，故吾人不可不重由心靈之凝聚，以從事心靈之內在之開發。

復次，自西方之文化言，希臘哲人時代以前，有一重精神凝聚之時代，表現于其宗教。自哲人時代起，而希臘人之心靈，遂重在一般學術文化之開發。而當希臘文化之衰，懷疑思想起，人心乃流蕩無依。馬奇頓羅馬起，而與希臘世界以一凝聚，而羅馬之重法，亦閉塞希臘世界之自由思想。由羅馬帝國之開發至極，而奢淫之風見，內部政爭頻仍，北方蠻人南下，而此時之西方人之精神，亦不免于流散動盪。基督教之宗教與神聖羅馬帝國及中古之經院派哲學神學，復加以凝結。中古之精神，因重上帝之啟示，教條之信仰，復不免閉塞人之智慧。而西方近代人又重人之智慧與生命之開發，近代文化遂大呈燦爛。然西方政治經濟學術文化勢力，膨脹流蕩而及于世界，又不能無病。如上文所述。吾人今面對此西方文化之衝擊，若不甘一無自主，隨人流轉，則舍由吾人自己心靈之內在的凝聚開發，以一方開發傳統之中國文化之精神，一方凝聚西方文化之優點，而合冶之于一鑪，此外亦無他途之可循。中國過去學術文化之長，在能尚簡易，善于凝聚融協人心，故吾言當加以開發。近代西方學術文化之長，則在善於多方開發，故吾言當加以凝聚也。（此上論中西文化者，可參考拙著人文精神之重建論中西文化諸文。）

（九）心靈之凝聚與開發之道路

人如何建樹一善自凝聚而自開發之心靈，其道頗難言。由一念自覺處，直下承擔此中卽凝聚卽開發之心體大用，是一路。由哲學反省，以逐漸會歸此義，是一路。由宗教信仰，以凝聚此心於神或仙佛之前，藉對神等之信仰，以內在的開發此心，是一路。專心聚智於一學問一事業，由學問之進步，事業之拓展，以開發此心，是一路。恒凝神以觀照一超越之理境或形上境界，進以使此心空濶無邊，廓然無際，是一路。此中方便有多門，有或直接或間接，或簡易或繁難之別；而人以各種氣質之不同，亦或宜于此，或宜于彼，蓋難一概而論。

但是我們無論從何路下工夫，均同有一初步的工夫，卽了解此事之重要。如果人根本不了解此事重要，則一切工夫，都無從說起。了解此事的重要之了解本身，亦卽要待心靈之有一種回頭的反省，回頭的凝聚，而後可能，而此中卽同時有一心靈之內在的開發。本文之目的，卽在指出此事之重要，以幫助人之了解。人如果眞由此而多少有所了解，便當知在此了解中，當下有一心靈之內在的凝聚與開發，而此卽是一切進一步的工夫之欛柄。

由了解此事之重要，進一步的一種起碼的生活態度，是不使我們心靈對於當前的事物，一一都要照顧。人對於當前事物，一一都能照顧到，亦是一極高之境界。但是人在開始自求其心靈之凝聚時，却要有所不照顧。有些東西，我們要視而不見，聽而不聞；有些世界或中國之名人，我不必求認識；有些羣居終日言不及義的聚會，我不必去參加；有些譁衆取寵的講演，我不必聽；有些浮游無據的文章，我不必看。人必有所不爲，而後可以有所爲。人之有所不爲，卽人之精神向自己凝聚的開始，而求內在的心靈的開發的開始。

其次，不追趕時代之潮流，是心靈能凝聚而自求開發的人，必當自己建立的一精神態度。時代潮流可以有好的，但好與不好另有標準，不當衡之以時代。只衡之以時代，而只想追趕時代，則本身便是一種不好。這將只使人之心靈，永不能免於流蕩之境。因爲世間日日有新事，日日之報紙都是滿滿的。商店的廣告與政治家的宣傳，總是會天天變花樣的。應時的作家，照例要隨時找題材寫文章的。其中當然總有些好東西，但人之精神，不能只向此注意，順這一切去放散。放散而終歸於應接不暇，則必致心靈之流蕩。於此人欲求心靈之凝聚，首先須有一反時代超時代的意識。無論是西方人之創造未來時代，與中國古人之上慕三代，希慕古人，皆一反時代超時代之意識。此意識使我們可暫與當前之時代有一隔離，此在古人，稱爲拔乎流俗之上。由此然後能使我們之心靈，得一內在的凝聚與內在的開發。

但是上面所說之求心靈之凝聚與開發之起碼的生活態度，我們只能從其能使我們之心靈不要向外流蕩上，去了解其意義。我們不能因此而眞積極的主張，人當脫離當前之時代，而只夢想於未來之時代，或留戀於古代；更不能眞積極的主張，人當與他人隔絕，眞對世間之事一切，不求見，不求聞。因爲如此，正是前面拒虎，後面進狼。此立卽將造成心靈之閉塞。此閉塞恒是閉塞於我過去之經驗意見習慣之內，與自己個人對過去時代之偏愛，個人所執定之對於未來時代之理想。追趕時代而蔽於今，抗心希古而蔽於古，以及只知企慕未來，沉酣個人之理想，同時未能超出時間之觀念。而務外徇俗與傲物自恃，亦同是未能超出人我之觀念。

（十）眞理爲心靈之凝聚與開發之所依，及師友之義

然則中道何處求？通常之一箇單的答覆是，我們要重今亦重古，要重己亦重人，當古今兼通，人己並重。這個話亦可說。但是如何能應用來恰到好處，究竟古今各佔多少分數？人與己又各佔多少分數？何處是既不偏此，亦不偏彼的中間一點，這却無人能說出。以此假想之中間一點爲標準，則世間可無合此中間一點之人。故我們對任何人總可說，知古而不知今，或知今而不知古。又總可說他以人蔽己，或說他以己自蔽。此中間一點，如有一無厚之刀鋒，亦無人能行於其上。

然實則此問題，又並不如此之困難。世間自有一超人我古今之別之一物，容一切人於其道上行。卽眞理之爲物是也。人只有以眞理爲標準，乃能評判人我，進退古今。凡眞理必能通達，此卽心靈所資以開發而去閉塞。凡眞理必貞定，此卽心所資以凝聚而去流蕩。人以眞理爲標準，則如我之所見而眞，雖千萬人吾往矣；如他人之所見而眞，則如禹之聞善言則拜。如今者爲是，則積千萬年之非，不足勝今日一朝之是；如古者爲是，則再歷千萬年之後，而未嘗不常新。吾人今之所言，雖亦是老生之常談，然人如只視爲老生之常談，則其心亦爲流蕩心。必須先去此流蕩心，不視此言爲老生之常談，而親自見得此常談中之實義，信得眞理之爲無古今人我之別，恒自貞定而通達；然後人之心靈方能得其凝聚之安宅，與開發之軌道。此眞理之恒自貞定而通達等云云，亦卽關於眞理自己之眞理。心靈當求能自凝聚而自開發等云云，亦卽心

靈所以爲自作主宰的心靈之眞理，而通於宇宙人生人文之大原者。吾人若能凝聚吾人之心，以信此眞理之眞理，與心靈之眞理之存在，而於此親切加以體會，亦卽我們要求心靈之開發與凝聚之工夫之第一步中之事也。

但是我們只信得此關於眞理之眞理與心靈之眞理，仍不能使我們對當認識之眞理，都能一一加以認識。眞理之一一被認識之歷程，乃是一與我們之思想與生活同時擴展之歷程。此唯係於實際上我們自己的心靈之凝聚與開發的程度，才能定我們對眞理世界之認識之深切程度，及廣大程度。在此中，人仍常免不掉以自己之意見爲眞理，以道聽途說爲眞理之錯誤。而欲減少錯誤，則在親師取友。

親師取友，所以能減少此中之錯誤，因爲師友不是泛泛的他人，而是與我有同一之求眞理之志的人。我與人結爲師友，卽我之求眞理之志與師友之求眞理之志的凝聚；而此凝聚，卽同時可使我們彼此之心靈有更大的開發者。師與友之不同，則在師爲見道多於我者，我之精神，便應向之尊敬凝聚；而友則爲德業相距不遠者，友與我並肩而行，或左或右，其所見不能無異同；而有異同，則更足資開發彼此之智慧。故人欲開發其心靈以求眞理，最賴于親師；欲開發其心靈以求眞理，更待于善取友。人能師古今之聖賢大哲，友天下之善士，則心靈之所賴以凝聚者深厚而悠久，而資以開發者亦廣大而無疆矣。

四十四年七月三十一日

第三篇：人生之艱難與哀樂相生

（一）人生之寂寞蒼茫的雰圍

人生的艱難，與人生之原始的芒昧俱始。莊子說「人之生也，與憂俱生」，又說「人之生也，固若是芒乎？其我獨芒，而人亦有不芒者乎？」這話中實包涵無窮的慨嘆。我們且不要說佛家的無明，基督教之原始罪惡一套大道理。記得我在中學讀書時，看見一首詩。第一句是引鮑照「瀉水至平地，各自東西南北流。」下面一句是「父母生我時，是並未得我之同意的。」實則世間一切人、一切英雄豪傑、文士哲人，亦同樣是未得同意而生。一切人當其初生，同是赤條條的來，同是墮地一聲啼。世間的嬰兒之環境，千差萬別，却無一嬰兒曾自己選擇他的環境。嬰兒或生於富貴之家，或生于貧賤之屋；或生而父母早亡，或生而兄弟成行。眞如范縝所謂一樹花，任風吹，而或墜茵席之上，或墜糞溷之中。嬰兒墮地一聲啼，乃由外面的冷風吹他，他不曾相識；其啼，表示其對于此世界之原始的生疏。但是他一被携抱入母懷，便會樂被撫摩，進而知吮吸母乳，張目看世界。此又表示他對此世界有一內在的親密與先天的熟習。而當其一天一天的長大，即一天一天的增加其對環境之親密與熟習，而要執取環境中之物爲其所有，並同時負荷着其內在之無窮願欲，在環境中掙扎奮鬥；亦必然要承擔一切環境與他的願欲間，所發生之一切衝激、震盪，忍受着由此內在願欲與外在環境而來之一切壓迫、威脅、苦痛、艱難。這是一切個體的人生同無可逃避的命運。一切個體人生，如是如是地負荷了，承擔了，忍受了。由青年、而壯年、中年、老了、死了。一切人的死，同是孤獨的死。世界不與他同往，其他一切的人，亦不與他同往。他死了，日月照常貞明，一年照常有春夏秋冬，其他的人們照常游嬉。人只能各人死各人的。各人只能携帶其絕對的孤獨，各自走入寂寞的不可知之世界。此之謂一切人由生至死的歷程中之根本的芒昧。

對於這種個體人生，由生至死的歷程中之根本芒昧，我在此文不想多說什麼。生前，我不知自何來；死後，我不知將何往。何以造化或上帝，不得我同意而使我生，亦不必即得我同意而使我死？這是一最深的謎。此在宗教家可以有解答，哲學家亦可以有解答。但是我們同時要知道，此一切解答，一方似銷除了此謎，同時亦加深了此謎。而我所信的最高的哲學宗教上之解答，正當是能解答此謎，同時能眞正加深地展露此謎於人之前。所以我們亦可暫不求解答，而只純現象的承認此一事實。此事實就是人生原是生於一無限的芒昧之上。生前之萬古與死後之萬世之不可知，構成人生周圍之一無限的寂寞蒼茫之雰圍。以此雰圍爲背景，而後把我們此有限的人生，烘托凸顯出來。人生如在霧中行，只有眼前的一片才是看得見的，遠望是茫茫大霧。人生如一人到高高山頂立，只能聽見自己的呼吸，四圍是寂靜無聲。人生又若黑夜居大海中燈塔內，除此燈光所照的海面外，是無邊的黑暗，無邊的大海。人生是「無窮的生前死後的不可知，而對我爲一無窮的虛無」之上之一點「有」。何以此無窮的虛無之上，出現此一點有？這是人生之謎，這是人生之神秘。詩人常能立於此有之邊沿，直面對此神秘而嘆惜。宗教家修道者，由此「有」向無窮的虛無遠航，而或不知歸路，亦無信息回來。而常人則在燈塔中，造一帳幕，把通向黑暗大海的窗關上，而視此神秘與謎若不存在，而暫居住於此燈塔內部之光明中，以只着眼在此一點「有」之上，亦暫可使這些問題都莫有了。而此一點「有」之自身，亦確可展現爲一無窮的世界，其中有無數的人生之道路。而我們今天所能講的，亦只是此一點「有」中之人生之路上的一些艱難。

（二）生存之嚴肅感，與人爲乞丐之可能

我所要說的人生之艱難，是要說人生之路，步步難。這難處實是說不盡的。我在十五六年前便曾寫一書，初名人生之路。後分爲人生之體驗，道德自我之建立，及心物與人生之上卷，分別出版。我當時想人生之所求，不外七項事，即求生存、求愛情、求名位、求眞、求善、求美，與求神聖。到現在，我還可姑如此說。人生實際上總是爲這些要求所主宰的。而這些要求之去掉與達到，都畢竟一一同有無限的艱難，此艱難總無法根絕。我現在即順此線索，一一加以略說。

前三種要求，是俗情世間最大的動力。因其太平凡，哲學家恒不屑討論。然而這亦是哲學家的錯。實際上這些要求，都有其平凡的一面，亦有其深遠的一面。對此二面，有大願深情的人們，同不應當忽略。

人之求生存，畢竟是人生的第一步的事。而世界上確確實實有無數的人，其一生盤旋的問題，就是如何在世界上生存。人爲生存而辛苦勞働，爲生存而走遍天涯，謀求職業。當我聽見鳳陽花鼓詞中「奴家莫有兒郎賣，背起花鼓走四方」時，我了解人生無職業的眞正艱難，知此中有無限悲哀。世界上百分之九十九的職業，亦都是人互求解決其衣食住等生存問題的職業。人爲什麼要求生存？這實與上文所說人生之芒昧俱始。我之生，確不是父母、上帝、或造化，得我同意而生的。如我之前生曾表同意，我亦記不得。而

我生了，我會有繼續生存的要求，此要求之何以會出現，這本身亦並非出自我之要求。然而此要求，就如是如是的出現了。人都怕飢餓與寒冷，人有空虛的胃與在冰雪中會戰慄的皮膚。都不是我先要求此怕、此胃、此皮膚，而後他們才存在。人生百年中，每日吃了又餓，餓了再吃；破衣換新衣，新衣還要破。如此循環不息，畢竟有何意義？我們說只求食求衣的人生，是衣架飯袋的人生，這人生是可笑的。但是說其可笑，是穿暖了吃飽了以後的話。在人飢寒交迫時，人仍不能不求衣求食。這中間莫或使之，而若或使之。此中有無限的嚴肅，亦有無限的悲涼。人不能笑。此無限的悲涼之最深處，不只是飢而不得食，寒而不得衣，而是人爲什麼會飢會寒，會要求生存？此求生存之願欲，亦是天所賦於我之性。但是我爲什麼有此性，却非我之自由意志或自覺心所決定。此只是一頑梗的事實。然而我之自由意志與自覺心，則不能不承擔此事實。不承擔可以嗎？可以。如我可自殺，宗教家亦可發願要斷絕求生之意志。但是人在實際上除非逼到山窮水盡，很難安然的自殺，亦很難自動的斷絕求生意志。這須大工夫、大修持。然而人不自殺，不斷絕此求生意志，人卽須承擔此不知所自來的求生存之願欲，照顧此空虛的胃與怕冷的皮膚。人之自殺難，斷絕求生意志更難，而求繼續生存亦難。此是一切人同有的艱難。

能讀我之文章的人，大概是已吃飽了的人。但是世界上確確實實有無數未吃飽的人，爲生活之擔子所重壓；而吃飽了的人，又有其他的求物質生活舒適的慾望。這些慾望，必然掩蓋了未吃飽的人所感的此問題之嚴肅性，亦必然掩蓋了對未吃飽的人之同情。這是非常可怕的事。但是我極易說明，此問題之不能掩蓋。此問題實永在任何人任何時的眼前。因爲我無論如何富有，我今天吃飽，並不能絕對保證明天之必能吃飽。而我之求進一步的物質生活舒適的慾望，亦不能保證其必能逐漸滿足。當然，我們可本自己當前的處境來推測，我們之餓飯的可能性極少。或者還有種種徵兆與憑藉，以多少保證我之物質生活可逐漸舒適，以及財產之逐漸積累。但是一切之保證，永不能成絕對的。而窮餓之可能性，卽終不是莫有。如果你眞赤貧如洗，以至淪爲街頭之乞丐時，你怎麼辦？在文明社會的人，用各種社會救濟、保險制度、銀行制度、經濟政策、國際安全組織，來保護人們的生命財產，其用心可謂至矣。但是這些眞能絕對的保證人們的生命財產之不喪失嗎？你能保證戰爭之不消滅人類嗎？能保證地震之不震毁世界嗎？就是莫有這些，你又能保證你自己之必受到此各種社會救濟與制度等之恩澤與利益嗎？你的才能、學問、知識，可因你忽然神經錯亂，而全忘失；而你之一切地位名譽，亦卽被社會上的人忘了。你有什麼欛柄，到那時不爲乞丐？現在，實際上有街頭的乞丐，則你卽可能淪爲街頭之乞丐。此可能是你無論用多少力量，都不能根絕的。到爲乞丐時，你將知生存問題的嚴肅。

此問題的嚴肅性，人常不能眞切認識，因爲眞感此問題的人，他已無暇對此問題作思索，而能思索此問題的人，通常生活在此問題的外面。對此文的讀者，我說他可能淪爲乞丐，他或想此是不敬；或以爲當不至此，此是一極少的可能性，可不在考慮之列；或想到那時再說，現在還是只享受我現在的生活，我亦不須對未來的我之遭遇負責，那是未來的我的事。但是這些想法，同依於人之未能面對眞實人生。這些想法，都由於人自龜縮於暫時的安全，而想掩蓋人生的眞實。因爲這些想法，並不能掩蓋我們淪爲乞丐之恐懼，而且正依於此恐懼，才有這些想法。然而此恐懼之存在，卽同時展露此淪爲乞丐之可能爲一眞實的可能。從一切人之恐懼淪爲乞丐，而要儘量求保護他的財產，增加他的財產，卽證明淪爲乞丐的陰影，在一切人之旁，或在一切人心之下蠕動。人總是在向此陰影搏鬥，又一手壓住它，而不敢正視此陰影。能承擔程伊川先生所講「今日萬鍾，明日餓死，惟義所在」，是不容易的，能如孟子所講「不忘在溝壑」的志士，是不容易的。二十多年來，我自己的物質生活，實際上是在中人以上。我總時時在試想，我如只在荒山曠野的三家村，敎敎幾個小小蒙童，食淡衣粗又如何。我想像莫有什麼難。而在實際上，仍當遠較想像爲難。至于我自問：如我眞在飢寒交迫，以致我母親弟妹皆病之際，又如何，則這些煎熬，便在想像中，亦承擔不下。從這些地方，便證明了生存問題的嚴肅，證明人生之路之最簡單最粗淺的第一步的艱難。

(二) 在自然生命之流中與岸上之兩面難

「死亡貧苦，人之大惡存焉。飮食男女，人之大欲存焉。」人生之路之第二步的艱難，是男女之愛情。這亦是家家戶戶中最平常的事。但是這亦有其最深遠奧秘而不可測的一面。人之需要愛情與人之要求生存，都是人之天性。而此天性的要求，都同不是先得我之同意，而賦與於我。人生下地，便帶着這些要求來了。它們驅迫人生前進，使人自覺似有滿足之的責任。但是人眞有必須滿足之的責任嗎？亦眞非滿足之不可嗎？這亦似不然。因爲人可不結婚，或自動的斷絕一切綺障。此亦如人之可自殺，皆見人之異於禽獸處。因而世間亦確有不要愛情亦不結婚的人。然而這事分明是艱難的。捱過青年，壯年怎樣？捱過壯年，中年老年又怎樣？臨老入花叢，是可嘆息，亦可同情的。這些要求，都從生命之深處湧出，不知自何處來。但它來了，就來了。人由父母男女之合而有生命，則人之生命之根柢，卽是男女性。父母還有他的父母，直上去是無窮的父母，卽無窮的男女性。我們每一人的生命之結胎，卽是無窮的男女性之凝結。是謂天地之乾坤之道合而人出生。然而此乾坤道，才合又分。此凝結成的東西，只能具有其所由凝結成之男性或女性之一，所以人只能或爲男或爲女。而其爲男或爲女，則反乎其生命之結胎時，所根之男女性之凝結。生命之根柢爲無窮男女性之凝結，而我們每一人又只能爲男或女。此中，有我之性別，與我生命之根柢之先天的矛盾。此矛盾自然解消的道路，便是男索女，女索男。男女得其所索，人所生活之現實，與其生命根柢中之無限的男女性，有一遙相照映，人歡喜了。而宇宙之無限的生命之流，亦通過男女之得其所索，與他們自身生命之凝結所成之子孫，一直流下去了。人中除千萬人之一二，天生而具神聖的品質，其心靈原與其自然生命有一疏離者外；人如決定不結婚，斷絕一切男女關係，他卽須與他之男女之欲作戰，同時卽與他生命根柢之無限的男女性作戰，與天地的乾坤之道作戰。否則卽須與他之爲男之性或爲女之性作戰。人在此，又如要想從無限的自然生命之流中，抽出身來而退居岸上。然而退不到岸上，便只有帶着生命之流水，旁行歧出，成絕港枯潢。人此時便又若從自然生命之大樹飄落的花果，須另覓國土，自植靈根，否則便只有乾枯憔悴。我們不能說斷絕男女關係是不應當的，而且我認爲這是人生最偉大莊嚴的事業之一。因爲人於此敢與天地乾坤之道作戰。此處見人之爲一超自然的存在。凡人之自由意志自覺心所能眞想的關於他自己的事，皆是應當而亦眞實可能的。人能自拔於無限的自然生命之流之外，而退居岸上，或使從自然生命之大樹飄落的花果，另覓國土，自植靈根。這不能不說是最偉大莊嚴的事業。宗教家、大哲人，及鄉里中的無知識的人，同有對此人生之絕對貞潔的愛慕。但是這事眞要作到家，須把自然生命之流之浩浩狂瀾翻到底，直到伏羲畫卦前。這當然是艱難的。

順自然生命之流行的方向走，是比較容易。但是其中亦有無限的艱難。人們都知道失戀離婚的苦惱、男女曖昧關係、情殺及姦淫的罪惡。這些事，我們總是日日有所聞。這些事之所以有，其最深的根據，是每一人皆有與任何異性發生男女關係的可能，亦有失去其關係的可能。這一可能，都是直生根於人之存在之自身，故人之存在之自身，卽涵具了此無窮苦惱與罪惡之根。又常言道，世間的怨偶比佳偶多，又據說怨偶之苦，「牀笫間的悲劇，是人生最大的悲劇」（托爾斯泰語）。這些苦惱、罪惡、悲劇，當我們幸居事外時，我們不求了解，亦不能眞了解。而當其不幸居事內時，則只有忍淚承擔，亦無法完全說出，使人了解。此中最關心的人，最親切的同情安慰，亦透不到此中苦惱罪惡悲劇的核心。因爲這是與唯一無二之個體生命不可分離的事。這是直接浸潤個體生命之全體的苦酒，只有各人自嚥自醉。而一切幸居事外的人，亦不過適逢居事外，他並不必能根絕忽居事內的可能。一切愛情之後，皆有失戀之可能。一切結婚之後，皆有離婚之可能。一切佳偶，皆有成怨偶之可能。只是可能性或大或小，但人總很難絕對根絕此可能。誠然一絕對互信之佳偶，賴無限之互信的精神力，可構成一永恒的心之環抱，而將上述之可能完全根絕。但是佳偶，或異地而長別離，或同心同居而不能百年偕老。縱得同心同居，百年偕老，亦很難同年同月同日死。則恩情似海的夫婦，到頭來，終當撒手。在「昔日戲言身後事，今朝都到眼前來」時，「同穴窅冥何所望，他生緣會更難期」時，這中間的人生之悲痛寂寞艱難，還是只有人在身當其境，才能眞正了解，而獨自忍受的。怨偶，人或求離而不得，而佳偶則逝水流年，終有一日要被迫分離。你儘可以「在天願作比翼鳥，在地願爲連理枝」，但是「天長地久有時盡，此恨綿綿無絕期」，仍是一最後的眞實。

（四）社會的精神生命之樹，及飄零之果，與名位世間

人之求名位，與人之求生存，及求男女夫婦之愛，同是一最平凡而又極深奧的事。此可稱爲人生之路

上第三步的艱難。在兒童時期，人所最感興趣的事，是飲食。在青年時期，是男女愛情。在壯年以後，是名位。但人之好名位，只是人之望人讚美之心的推擴與延長。人之望人讚美之心，則當小孩在知道有他人時，便有了。當小孩喜歡人說他乖，怕看大人之怒目與厭惡之面色時，已是有一求人讚美心之流露了。一切希望名高一代、流芳千古，位居萬人上的好名好位之心，不過是此小孩心理之推擴延長。我記得當我十四歲的時候，在中學讀書。同學們都穿線襪，但是我父親要我穿布襪，而我卽怕人笑。此怕人笑之念，由何而生，卽成了我當時最大的苦惱與疑惑。我當時並不覺線襪舒適，我相信父親的話，穿布襪更經久。我已知佩服一特立獨行的人。我責問我自己，難道對此極小的事，還不能特立獨行？我記得一次從家中穿了布襪走到學校，有一點鐘的路程。在此一點鐘，我全部的思想，都在想人當特立獨行的理由，目的就在尅服我之穿布襪而怕人笑一念。但是到了學校，全部失敗了。這事與我當時之下棋怕輸之事，卽引起我對此種心理之畢竟由何而來的反省。至少有一二年間，都時有此問題在心中。當時我的答案，其大意同後來所想的在原則上並無分別。卽人恒要求人承認我之所爲是好的，或要求我之所爲爲他人承認是好的。這中間見一人與我之不可分的精神繫帶。但是我後來同時知道，此中尚有種種複雜的人心問題與價值問題。我之一些意見，已另見於上論人生中之毀譽現象一文中。而我現在特要說的，則是人之「要求他人之承認其所爲是好的」之心理，雖亦是出自人之天性，但是此天性之賦於我，仍不是我所先要求，我亦不是必然須服從此天性的。因爲在當我是而人非時，我可自覺應當特立獨行，而不必顧他人之讚否與毀譽的。順此下去，我之一切思想行爲人格之本身價值，是不受他人之毀譽而增損的。因而一個人之在社會上，是否有名有位，純爲我外在的事。人當行其心之所安，遯世不見知而無悔，這才見我之爲我之無上的尊嚴。這個道理，我後來全了解了。然而眞要做到這一步，却又是一人生的極大的艱難。因爲眞要作到此事，我們必需假想，在世間一切人以至最親近的人，都罵你，詆毀你，侮辱你，咒咀你的時候，怎麼辦？在一般的情形之下，總不至一切人都如此待我，卽總有些人拿正常的面色對我，或多多少少還有人讚美我，承認我的。但是如在共產黨的審判之下，我爲千夫所指，兒子淸算我，父母妻子朋友亦淸算我，這時我試設身處地一想，畢竟怎麼辦？這就難了。這難處是，在這時一個人的精神，同一切人的精神都分離了，成了一絕對孤獨寂寞，而又自覺其絕對孤獨寂寞，兼自覺爲無數他人精神的壓迫下之被捨棄者。獨身不婚的人，如從自然生命之樹上脫離的果子。如此之被捨棄的人，則是從社會的精神生命之樹上，被拋擲而脫離的果子。共產黨知此爲人生最大的苦痛，故以之虐待他們不喜歡的人。但是我們自己如身當其境，又將如何？這是耶穌被徒弟出賣、被徒弟所不認識，而上十字架前的心境。這是人之精神之失去一切人的精神之滋養，而絕對飄零之時。然而精神之果，必須得滋養。因爲精神的周圍，不能是只有無限的冷酷與荒漠。這時除了上帝降臨說，你是我的愛子，人生畢竟無路可走。人之精神，只有在飄零中死亡。然而人眞要特立獨行，便必須預備承擔此一考驗。這事之艱難，是不必多說的。

在我們一般人，可以自勉於使名位之心漸淡，但是在實際上，仍免不掉要多多少少賴他人之讚美，高高低低之社會名位，來滋養其精神。而順此心以求大名高位，則是一最自然最滑熟的人生道路。然而此滑熟的路，同時亦是一最陡峭的路。其中亦有無限艱難。這艱難，是人所較易知的。

人之所以樂得名位，依於人之欲被人承認爲好，爲有價値，此卽依於人之欲被人認識，亦卽欲存在於他人之精神之內。但名位二概念，又有不同。名之大，由於認識之者之多。名之大小，是一數量的概念。

位之高低，初則純是一價值秩序的槪念。人依於其內心之某一種價值秩序之格度，遂把能多少實現某一種價值的他人，排列於此秩序之格度之中。於是有的人對我而言，其地位較高，有的較低。此便成純內在的主觀的位之秩序。由許多人之內在主觀的位之秩序之客觀化，而有公認的社會地位、政治地位、學術地位、人格地位。此是位之第二義。其形成較複雜，今暫不多說。一個人之所以通常都多多少少有其名位，依於總有認識他的人，亦卽總有認識他的價值的人，人亦總可比另一些人能多實現某一種之價值。如一羣小孩在此，年長的比年小的，氣力較大。氣力大，亦是一生命的價值，他亦卽在小孩羣中有一較高之位。而人求大名高位之所以難，則因一人之價值，要爲無數的人所認識，並在人之價值秩序之格度中居最高位，是極難的。此一方依於人自己所表現之價值之爲有限，亦依於他人之認識力之同爲有限。如果人能表現無限之價值，一切人皆有無限的認識力，則一切人皆可同名垂宇宙，一切人之位，皆上與天齊。此而不可能，則無人配得至大之名與至高之位。除了我們在人生之毁譽現象第一節所說，人之毁譽之標準之無定，而人皆可斥責外；卽使毁譽標準全定，一切人仍皆是在原則上可斥責的。名愈大而位愈高的人，當其所實現的價值愈彰著於人心之前，其未能實現而人望其實現的價值亦愈彰著於人心之前，因而責望必然愈多。由責望多而斥責隨之，是之謂名位之「危」。而人之名乃或揚而或抑，或榮而或辱，人之位或升而復沉，或尊而或卑。又以各人所認爲有價值者不同，而一人之價值，亦可根本不爲他人所認識。由是而世間永有無數有才而無名，有德而無位的人。有才有德而見知於人，必係於遇合。遇合爲偶然而不必，其得之爲天恩，而失之不能無怨於天。由是見名位之世間，必然有無窮寃屈。此寃屈或有伸於死後，然其人已不知；而大多數則亘千秋萬世而永不伸。再則由人之記憶力有限，人爲節省記憶力，而有以一人之名之記憶，代替一羣人之名字之記憶之傾向。由是而一羣人之工作之價值，或爲一人之名之所代表，而被歸功於某一人。如在一政府與一社會經濟文化團體中之一羣人之工作，與其對社會之貢獻之價值，恒被歸功於其領導者。又人之認識，恒有種種錯誤，而恒將此人之功，誤歸諸彼人。此皆使人有無意之盜名。此外又有蓄意之盜名，與貪天功以爲己力之事。人如對此數者，有透闢之認識，便知名位之世間，乃一最奇妙而又艱難之世間。芸芸衆生之求名求位，旣表示人之精神之須存於他人精神中，而欲他人之認識其價值；亦鞭策人之認識他人所求之價值，認識他人所視爲有較高價值者爲何，而自勉于實現此價值，冀其名之大、位之高；名位心遂亦成使人向上之一動力。然而人所能實現之價值，永不能完全，以副一切人之責望，而名大位尊者必危。又人之能實現某價值者，又不必被認識，以得名而得位；其被認識而得名位也，有偶然之遇合在，亦永有無意或有意被盜之可能在。由此見名位世間，乃一韁繩之世間，乃一浮沉之世間，乃一偶然遇合之世間，亦名實恒相違而相盜之世間。然世人之生也，卽生於此中，明知其爲如是之世間，而奮力以求自固其名位，徼幸於遇合，苟免於被盜，而或冀盜人之名。則人之艱難之感，必愈入此世間，愈有大名高位，而入愈深。然愚者慕之，智者笑之，唯賢者哀之，非聖者其孰能拔之。而吾人則皆愚者也，悲夫。

(五)價值世界與人間天路

更高的人生，是在俗情世間名位財色之世間之外，看見眞善美神聖的世界。這是一永恒普遍純潔而貞定的世界。這些道理，說來話長。最粗淺的說法是，這世界乃眞正人所能共同享有的世界，同時是人可能賴自力以升入的世界。財物我享，則你不能同享時，愛情有獨佔性，名位則我高而你必低。名位待他人之賦與，愛情與婚姻是雙方的事，人之得財富，賴於各種外在的機緣。人之得這些，說好一點，是人之福命。但是這些福，都可與禍相倚。禍之可能，就站在福之後，背靠背，是謂相倚。因福禍相倚，故安而有危。知危而有懼，故安而未嘗無不安者存。此中福禍安危，常在波盪中，以呈於人之意識之前。故知「道」者，知此中之福無可恃，安無可居，而自忘其福與安；於禍與危，亦知其無原則上之不可轉，而自忘其禍與危。故諸知道者，或處安、或處危、或載福、或載禍，其心乃畢竟平等，其位亦同齊於道。在一切眞理美善神聖之價值之體驗與實踐之前，一切人之心與人之位，亦實為一畢竟平等。我們說，這個價值世界乃眞正人所能共同享有，而互不相碍的世界，其自身亦貞常不變。如一個人生的眞理，一人了解它是這樣；千百人分別了解，它仍是這樣。一張佳山水的畫，一人看是如此美；千萬人分別看它還是如此美。一家有孝子賢孫，亦不碍家家同有孝子賢孫。一人向上帝祈禱，不碍一切人同聲祈禱，共沐靈恩。眞善美神聖之世間，是一眞眞實實可為一切人所共同享有而永貞常不變的世間。他們分見於千萬人之心，有如月之映萬川，而一一皆為滿月。他們如耶穌的餅，讓人人都能吃飽。又如觀音的瓶中之露，滴滴遍灑人間並蒂蓮。亦如今日的廣播，凡有收音機的地方，都聽見聲音；若莫有人去聽此聲音，此聲音自在太空中旅行，如天下萬川皆乾涸，而中宵明月依舊圓。故對於眞善美神聖之世界之自身言，千萬人知之，它不增；無人知之，它亦不減。它是天荒地老而萬古恒貞。而就此世界之表現於人心言，則它似能永遠的分化為無盡的多，而仍未嘗不一。自人之共同享有此世界言，則不僅每人之享有，不碍他人之享有，而且此世界中的每一東西，每一條被發現的眞理，每一被表現的美的境界，每一被實現的善德，每一眞呈現的神聖的徵兆，都是一人之心通往他人之心的橋梁與道路。這世界中之一切，全是縱橫貫通世界人心，使人之心心相照，而交光互映的橋梁與道路。這些事，說神聖深遠，其神聖深遠，無窮無盡；說平凡，亦平凡。這亦只是眼前我們朝朝暮暮遇見的事實。君不見一次學術講演，使多少聽衆聚精會神？一處之名勝山水，引起多少詩人在壁上題詩？一場電影，使多少觀衆如鴉雀無聲的看？誰能不承認，此中有若干心靈由講演中所啟示的眞理而交會，由名勝山水與電影而交會？然則誰又能不承認此眞與美，是人心與心相交會相接觸相貫通之橋梁與道路？這是天橋與天路，同時是眼前的。人之每一報導事實的話，都是說一眞理。每一不使人討厭的表情或事物，都有一種美。每一我所不反對的人之行爲中，都有一善。這些東西，朝朝暮暮接於我們之眼前，成爲我心與人心間之天橋與天路。而一切人與人之眉目傳情，人與人之相互談話與討論，人與人間之點頭握手，則都是人與人之心心相照，而交光互映。須知凡有人情往來之處，卽有人心之往來。凡有人心之往來之處，亦卽有心靈之統一，亦卽有天心之呈露。而一切人心之往來，卽天心之往來升降。這是朝朝暮暮，不待入教堂，不待入廟宇，而時時處處顯在我們面前的神聖。在此種最平凡的日常生活中，實際上，人要讚美就有可讚美，要崇敬就有可崇敬，要生悱惻就有悱惻，要生喜悅就有喜悅。隨處可使人流淚，亦可使人微笑。隨處有孔子所謂「哀樂相生」。然「明目而視之，不可得而見也。傾耳而聽之，不可得而聞也」。這是眼前的天橋天路，這是人間的天國，這是洋溢的神聖之遍地流行，這是我欲仁斯仁至矣的當下境界。然而眞到此境界又至易而實至難。此至難不在欲仁而仁不至，而在我之可不欲仁；則一切眼前的天橋天路天國，都迢迢地向天邊退却了。

(六八)天路歷程與現實世界之裂痕

據我的經驗，一些眞實的眞理、美境、善德與神聖莊嚴之宗教感情之呈露於我，確實有時覺得這些東西，是從天而降。忽而覺自己之心扉開了，這世界原是如此永恒而堅貞之世界。但是這些經驗，都是可遇而不可求。刹那間或一點鐘不違仁的境界，我亦有過。於孟子所謂惻隱之心，我亦有一點眞實的體證。但是我之此境界，距「日月至焉」還遠，更莫說「回也其心三月不違仁」了。而此處之工夫如何用，我覺眞是難上難。我自己實際上亦莫有工夫。如有工夫，只在求見理。而此中見理之大難處，則在要說此眞美善神聖之世界，全是超越於現實世間，固有語病；說其卽在此眼前之世間，亦有語病。此中必須兼超越於現實世界與內在於現實世界之二義，卽：不卽俗世，亦不離俗世之二義，出世間，而又不捨世間之二義，以得其中道。但此中道又如一無厚之刀鋒，一不當心，便落入邊見。因而對此中道之眞正相應的體驗，亦一滑開，便不是。但在此二邊見間，人第一步理當落入前一邊。卽人首須肯定此世界在眼前的現實世間之上，而首先的體驗，亦是體驗其洋洋乎在現實世間之上。這步作到，則下一步之落下而圓成，便似難而又不難。而此第一步之難，則在人之眞見得此世界之爲一永恒、普遍、純潔、貞定之世界而心好之之難。凡人之世俗情識之見之所向，無不與之相反。因而依世俗之情識之見，而生之哲學思想，莫不欲泯沒或毀滅此世界之存在。此中人要剝落此情識之見，卽須大費工夫。而此情識之見，卽已剝落，如未有眞工夫，去超化此情識之見所自生之根，則人亦不能安住於此世界。更莫說落下而圓成之一步了。

關於眞美善神聖之世界，在現實世間之上的證據，並不難找。在世間第一流的哲人、詩人、道德性宗敎性人物，同有其親身經驗的敍述。當伯拉圖說他望見理念世界的莊嚴的秩序，當牛頓在晚年自覺爲眞理的大海邊拾蚌殼的小孩時，當耶穌說有天國在上，宋明儒標出一天理流行的境界，及一切詩人音樂家說「文章本天成，妙手偶得之」，或聽見天音時；他們必然同有一不與現實界之萬物爲侶的心境呈現。在此心境中，視現實界若無物，而上開天門，另呈現一超越的世界。這世界又不眞是孤懸外在，而只是從人心深處所現出之萬寶樓台。這些事與我們日常生活中，忽而豁然貫通一道理，忽而想好一文章之結構，及忽而有一道德上之覺悟，並無本質上之不同。但是在我們日常生活中，對於這些事，常來不及反省其涵義，我們的心又閉了。於是其再回頭來所作的哲學上與心理學上的解釋，便都是些情識之見，而不能與之相應，更不能由之以透識大哲人大詩人眞正之宗敎性道德性人物之心靈境界，是怎麼一回事。此之謂人之上升至眞美善神聖的世界而覺悟之的艱難。

至于眞向上以求升到眞美善神聖的世界的人，又決不能把其中的境界，一眼望透。此中的開悟，實際上常一時只開悟一方面。萬寶樓台一時看不盡。一切眞理，皆可隱藏另一眞理。一切美的境界之外，還有其他美的境界。善德是無窮的。宗敎上的與神聖境界之交通，亦有各種不同的親密之度。人在此世界中行，直向上看，又總是前路悠悠，隨時可覺日暮途遠。而此中的甘苦，亦猶如世間人在日常生活中的甘苦，常是無法爲外人道的。人把他於此世界之所得者，表露出來，而流落人間，供後人享受，後人崇敬；但在當時，他的精神却常是極端寂寞而不被了解的。所謂「歷史上的詩人是詩人，隔壁的詩人則只是一笑話」。可見此世界與現實世間，有永遠不能彌補的裂痕與深淵存在。

上所述之裂痕，亦常爲眞正求眞美善等向天路上行的天才人物在生活上之所感受，並表現於其生活之自身。從最深處說，在俗情世間的人，對於這種人之出現於世，恒有一種厭惡與畏怖。因爲這種人將世俗之人所居住之俗情世間，另開出一裂口，而將其表面的完滿性，加以戳破。這種人常看不起或破壞此俗情世間之原有的眞美善之標準。這就使俗情世間的人，厭惡而恐怖，至少加以冷淡的待遇。此卽耶穌之所以上十字架，蘇格拉底之所以被判死刑，布儒諾之所以被焚，杜甫之所以說李白爲「世人皆欲殺」，及無數天才的文學家、藝術家、哲人，所以皆遭當時時代的壓迫與忽視。這些人與俗情世間裂開，而俗情世間的人，卽要其感受此裂開之苦，使此裂開之苦，爲其所感受擔負，以爲報復。而此正是一人生最難的擔負。

其次，一切求眞美善神聖的天才人物之本身，在另一方面，亦仍是一有血肉之軀的人。上面的眞美善等，是一絕對的普遍者，此血肉之軀則形成爲一唯一無二之個體。此唯一無二之個體，以其具自然生命，他亦必須生長於自然世界與俗情世間的特殊環境中。在此特殊的環境中，絕對的貧苦、無侶與孤獨，仍是難於忍受的。此特殊的環境，要那個體之上升的精神，下降而牽就現實；而那要一往上升求普遍者的精神，則要此個體自此等特殊的環境中超越，以成就其自身之遠游。而其遠游，亦尚不能只在普遍者中之生活。它還要尋求其唯一無二之個體之唯一無二之交代處。這就可構成天才人物之內在的精神中，所感受之「個體性」、「普遍性」、「特殊性」之三面分裂。人依此分裂而作的事，可不全合于眞美善神聖之標準，亦不合世俗之標準，更不合其個人自己之標準，此中有各種複雜的精神之錯雜現象產生。在宗教家稱爲魔障；在心理學家，稱爲精神變態；在郞布羅梭，則舉出無數西方天才的生活，來證明天才與瘋狂同根。而今之存在主義者所說之怖慄感、虛無之面對感等，我想均從人精神之種種分裂中生出來。這些深刻的人生之存在性相之體驗，更不是一般人所能完全了解的，這亦可不必多說。

(七)「我在這裡」與學聖賢者之泥濘路

天才人物的道路，首表現爲超越俗情世間的精神。這個精神須與自然世界俗情世間裂開。裂不開，其天才不能露出，不能向上面世界遠游。旣裂開，則須與俗情世間的人作戰，而在現實上失敗，承擔此裂開的罪過與苦惱者，一定是他們自己。他們又須與自己之自然生命之要求及俗情之要求作戰。這是隨時可勝利，亦隨時可失敗的。因爲此兩頭的力量，都在一義上是無限。上之天道是無限，下之地道亦無限。而人自己則成天玄地黃血戰之地。這種人之最後的撫慰，是在其死後升天時，來自宇宙的眞宰。在絕對的悲劇之外，另有一神聖的喜劇。但人看不見，人卽不能無悲。而宇宙眞宰之在此世間挽救天才之道，則在其化身爲孔子，以示人以聖賢之道，要人之個體在特殊者中見普遍者，於自然世界俗情世間中，見眞美善神聖之洋溢流行，立人道以順引地道，而上承天道。此是一極高明而道中庸，至簡至易的圓成天地之教。但是其中亦不是莫有更大的艱難。人生的行程，精神的步履，無論什麼地方，總是莫有便宜可貪。此義我們須隨處認取。

聖賢之道之所以爲圓成之教，在其與自然世界俗情世間協調，因而他對人精神所向之眞美善神聖，及自然的生存愛情婚姻之要求，一切世俗倫理與名譽地位之價値，可以全幅加以肯定，而一無遺漏。因而無論在什麼處境中，人總有一條向上之路可發見，而不必去逃遁其自然生命在俗情世間中所遭遇之一切。對此一切，依此「道」，人都可加以同意。無論我發現我在那裏，我都可說：「是，我在這裏。」是，是，是，之一無限的肯定，可把一切天賦於我的，一切現實的，可能的遭遇，都加以承擔，負載，而呈現之於我之自覺心與自由意志之前。我之何時生，何時死，生爲男或女，生於富貴之家，或貧賤之家，父母兄弟配偶子孫之如何，與一切窮通得失，吉凶禍福，榮辱毀譽等一切遭遇，都是未必經我之同意而後如此如此。其如此如此，都有偶然的因素在，卽都有命存焉。然而依此聖賢之道，則此一切的一切，只要呈於我，我卽知命，而承認之，全幅加以同意。於是此中無所謂偶然，皆是如其所如，而定然。我們說一切都是偶然，因爲我們可不受一切，而拒絕一切。但是我現在不不受，不拒絕一切，則更無偶然。而我之全幅人生所遭遇之自然世界俗情世間，卽一律有了交代，有了歸宿地。第二步的事，則爲本我之自覺心自由意志，面向眞美善之世界，直道而行，或使眞美善之本性，自我之扉開處，一一流露展現出來，這條人生之路，當然是最廣大的而最平實的。

但是此中之問題是，這些話說來易，初行亦易，而行到家最難。因爲人在此之所承擔負載者，實無限的重。人依此道行，一方處處都是上升的路，另一方亦處處都是使人陷溺的路。因這條道路，是一平鋪於自然世界與俗情世間之上的路。人在此，如不是先經歷一求超越飛升而與自然世界俗情世間隔離的精神，則此道路，便可會是一使人隨處陷溺的泥濘路，人一天行不了幾步，人之一切向上精神之表現，也都不免是拖泥帶水。而孔子之最惡鄉愿，亦正因依孔子所倡之聖賢之道而行，最難免淪於鄉愿。

學聖賢之道，所以反易使人陷溺而淪爲鄉愿之最深刻的原因，尙不是人之自然的食色之欲之滿足，恒須順應世俗；亦不在人之一定要向他人討好以得美名，這些問題，還比較容易解決。最重要的是在俗情世間的人，對走這條路的人有一期望。對於離塵絕俗的天才人物，一般人對之無所期望。因爲一般人知道他要遠游。但對走這條路的人，一般人却覺其可親而可近，其精神亦恒最能衣被人間，溫暖世界，人們亦恒期望得其精神上的衣被。然而俗情世間的人之存心與行爲，則處處有夾雜與不純潔之處。因而要求走這條路的人，對其一切夾雜與不純潔之處，亦恒勢須亦加以衣被；於是把走這條路的人之精神，自然拖下，使之亦貼切於污垢。涅而不緇，談何容易？於是他亦將被污垢所感染。這是這種精神之下墜。而可淪爲鄉愿之最深刻而最難尅服的魔障。

在另一方。則走這條路的儒者之言行，同時最易爲一切人所假借貌襲。此理較易懂。天才人物之超越飛升的精神，人不易貌襲。因爲能說者必須能作，而離塵絕俗之事不易作。儒者之敎，只要人庸言庸行，則人人皆可同其迹，而實不同其心。中國儒家的社會文化中，所以特多僞君子，這決非偶然之事。僞君子並不幸福。因人當成爲僞君子時，其精神只是照顧潤飾其外面的言行。於是其精神之內核，日益乾枯而空掉。內愈空而愈在外面照顧潤飾，而其用心亦日苦而日艱。然當眞君子因親近世間的理由，或其他理由，不忍與僞君子破裂，而不免相與周旋時，則眞君子亦終將受感染，而多少成僞君子。由是而此整個社會文化中之一切人之精神，卽可互相牽掛拉扯，而同歸於癱瘓痲木。其病之難醫，實更過於天才人物之瘋狂。

（八）人生路滑與哀樂相生之情懷

對於走孔子所倡的聖賢之路，所生之病痛與艱難，不是絕莫有法子醫治與挽救。因知病在卽有藥在，人可自求而得之。我整個之文章，只是說明人生的行程，人精神的步履，無論到什麼地方，都莫有便宜可貪，道高一尺，魔不必高一丈，但亦是高一尺。然而這些話，並不鼓勵一般在俗情世間的人，安於他的現在。因爲向上走的悠悠前路，固然艱險，但是只停於現在，亦無立足處。讀者如眞了解前文全部的話，便知人生的行程，是一絕對的滑路。不上升便只有沉淪，而沉淪下去亦處處仍有艱難，直沉下去亦莫有底。至於說任性而動，任運而轉，則偏偏倒倒，到處碰見的仍是鐵壁銅牆，可使人肝腦俱裂。如果你不信，再試把本文所說，引而申之，觸類而長之，試設身處地想想，你縱然安心向下墮落，又在何處立得定脚跟？須知一切艱難，都是人生的荆棘，但人終須赤足走過去。而人亦不到黃河心不甘。黃河在何處？在我們前文所說哀樂相生之處。

此哀樂相生之處之涵義，是人必須知道人生的行程中之病痛與艱難。這些病痛與艱難，不是外在的，而在我之存在之自身。依此便知人生在世莫有可仗恃，莫有可驕矜。當我們眞肯定一切病痛與艱難之必然存在時，則人之心靈卽把一切病痛與艱難放平了，而一切人亦都在我們之前放平了。放平了的心靈，應當能悲憫他人，亦悲憫他自己。而在人能互相悲憫而相援以手時，或互相讚嘆他人之克服艱難的努力，慶賀他人之病痛的逐漸免除時，天門開了，天國現前了。此中處處，都有一人心深處之內在的愉悅——是謂哀樂相生。人眞懂得此哀樂相生之智慧時，可於一剎那間，超越一切人生之哀樂，此本身是一人生之大樂。但是由此智慧再回到實際生活時，人仍不能不傷於哀樂。這是一如環的永恒的哀樂相生。人生之歸宿處，不能是快樂。因一切快樂使心靈凸出，而一切快樂終是可消逝的。亦不能只是悲哀，因長久的悲哀，是心靈全部凹進，而悲哀是不能長忍的。從內部看人生，它如永遠有向上的理想，而永不能在現實上完全達到，這是悲劇。他如只有某有限的理想，而再不能了解體驗更高的理想，更是可憐憫的悲劇。而從外部看人生，則他在現實上所達到者旣如此少，而他偏要如此誇張他的至高理想。你可笑他，這是喜劇。而他如只有卑下的理想，而竟視之爲至高無上。你更可笑他。這更是喜劇。但只視人生爲悲劇與喜劇者，還是淺的人生觀。須知人生如說是悲劇，則悲劇之淚中，自有愉悅。人生如說是喜劇，則最高的喜劇，笑中帶淚。人生在世之最高感情，見於久別重逢而悲喜交集之際；而人生之最後歸宿，則爲一哀樂相生的情懷。由此情懷之無限的洋溢，我想，將可生出一種智慧，以照徹本文篇首所說人生的生前死後的茫昧。但是這些，可留俟我們大家未來的參悟。

我之此文從整個看，將不免使人有沉重悲涼的感覺，因其本偏重於說人生的艱難。從艱難處再說，我想還有更多的艱難可說。這將更增人之沉重悲涼的感覺。但是世間仍有一道理顚撲不破，卽人能知道艱難，人心便能承載艱難。人心能承載艱難，卽能克服艱難。只要「昨夜江邊春水生」，卽「艨艟巨艦一毛輕」。人生一切事，皆無絕對的難易。只要人眞正精進自强，一切難皆成易。反之，只要懈怠懶散，則一切易皆成難。這話是我們之永遠的安慰，亦足資我們永遠的慄懼。

四十四年十二月八日

第四篇・立志之道及我與世界

(一)志之意義

在我少年時，見前輩先生教後輩，總是要人先立志。我在小學中學讀書時，作國文，總要作一篇言志。但後來在學校教書，因先讀了些現代科學、哲學，及論新教育的文章，却覺得先以立志教人太空疏。教了二十多年書，除了傳授知識以外，我只能作到多少以一些人生之智慧或一些作人的道理，啟迪學生，但始終未能斬釘截鐵的教人，以立志爲先。自顧我自己之志，亦實未能堅固。而多年來默察所遇之中國知識份子，無論是青年、中年、老年，無論是未成名、或已成名，無論政治家、新聞記者、文學家、或學者、大學教授，無論是受本國教育、或兼受外國教育；其志願眞正能光明正大而堅固篤實者，實百不逮一。這是可從人之態度、辭氣、文章的意味看出而不可掩的。這樣，中國之學術文化，社會事業與國家政治，畢竟莫有前途。由此我才逐漸省察到前輩教人所以必以立志爲本之故。

志之古訓爲心之所之，即心之活動之所往。但立志之志，却非只是今心理學上所謂意志之義，亦非全同於一般所謂理想之義。意志之一名，在心理學上，可說是指實現一特定目的之一貫的行爲趨向。故一切有目的之活動，無論善惡，皆可稱爲意志的活動。心理學上之意志是與價值判斷無關的。至一般所謂理想，則是與價值判斷相連的。理想常是指一種爲心之所對的，關於我自己、或人類社會，以至宇宙之未來之一種合理性的觀念構造、計劃、圖案之類。此理想恒爲一抽象的普遍者，懸於一認識理想之心之前，而爲其所對，並爲人希望由自己之力，或與他人合力，加以實現的。如一社會的理想、文化的理想、個人之人生理想之類。至於立志之志，則尙不止於是。我們固可說，立志亦是立一種理想。但此所立之理想，是直接爲自己之具體個人立的，不是抽象普遍的；同時不只是立之爲心之客觀所對，而是立之爲：自己之個人之心靈以至人格所要體現，而屬於此心靈人格之主體的。此卽是要使此理想，眞實的經由知以貫注至行，而成爲屬於自己之實際存在的。故我們與其說，立志是立一個人生理想，不如說立志是使自己之實際的存在成爲一理想的實際存在。立志之志，不只是「向」一定的目的，或普遍抽象的社會文化理想人生理想，而是由當下之我之實際存在，「向」一理想之實際存在，而由前者「之」後者。此之謂心之所之。由此而後志可眞成爲：轉移變化此實際之我，超升擴大此實際之我的力量。此種志之爲理想，與一般所謂理想之不同，有甚深甚深之義，不能只在文字思辨上了解便夠，必須下一眞實的反躬體會的工夫，方能了悟。

我們能了解志之爲直接關涉於我之個人的實際存在的，便知志之獨特性與不容代替性。一事可由人代作，一般理想可由人代爲實現，但志願則只屬於唯一的個人，任何人不能代人立志。立志是絕對的各人立各人的，父子兄弟皆不能相助，而遂志亦是各人遂各人的。通常說繼人之志，遂人未遂之志，此是就人所志之內容上說。但就人之志之活動本身說，則人只能自立自遂其志。我如不能自求立志遂志，則我死了，縱有無數之孝子賢孫、學生後輩，與我立同樣之志而遂之，我仍將抱憾終古。但此志之活動本身，又是我要使之立就立，要使之遂就遂的。無論我志之內容是否實現，此志之活動本身總是能立能遂而實現的。此卽所謂不成功便成仁之實義。

我們如果知道志爲關涉於我自己之實際存在者，便知我之爲如何之一實際存在的人，卽由我之志決定。我之志之狀態，卽決定我之實際存在之狀態。我們通常恒以顯爲心之所對的、一些在意識浮面的觀念理想，爲我們之志之所在；又見這些觀念理想，並不能決定人之實際存在，遂以爲志並無決定人之實際存在之力量；於是不自信其志，而信外在的權威，信外在的神，信時代的風氣，流俗的毀譽，信物勢的推移。却不知這些觀念理想，只是浮於意識表面之物，根本不是志。志乃內在於我之實際存在，而由深心發出者。如汽車之摩托之內在於汽車，船之舵與槳之內在於船。只要車船之構造健全，舵槳之使用，摩托之動轉，是斷然能決定車船運動之方向，而決定車船運動時之存在狀態的。但是取出而放在車船面上的摩托與舵槳，則爲無用之物。此卽比方浮在一般人心中之觀念理想之無用，而人罕知此原非人眞志之所存也。

(二)志之種類，與志之誠僞，及其轉化歷程

我們如果了解了一般人之常混淆一般之觀念理想與眞志，並昧於志之狀態，乃連於人之實際存在狀態之義，便當進而了解：吾人所謂志，不特有種類之不同，亦有眞妄、誠僞、純駁、深淺、强弱等程度性質之不同。種類之不同尙易辨，而程度性質之不同難辨。在不同種類不同性質程度之志中，選擇一表面正當者易，眞知其何以爲正當者難；知其何以正當易，使之成爲眞志難；使之成爲眞志易，而去雜駁成純一，使之深固而堅强難。此中有層層級級工夫在。故立志之事，未易言也。

自種類方面說，人之志可分爲公私及不定三類。我們通常說，如果我們之所事所爲，是自覺的求個人

之名利權力地位之增加，是爲私；如果自覺的爲社會服務，求國家民族之利益，人們之幸福，謀人類歷史文化之發展，或爲饒益衆生，光榮上帝，去實現客觀的眞美善之價值，則都是爲公。至於爲切身之需要所迫，以求個人之最低限度的生存，或順個人之自然的興趣去活動，或由人之自然的才能之要求表現，去求一事業之完成；而又非自覺要專爲一己打算，亦非自覺的爲公者；則是一在公私之間，而可歸向於爲私，亦可歸向于爲公之人生活動。人在其意識的表面，都知道人之志應導向於爲公，並知只志在爲私是不好的。故我們如要人作一篇言志之文，人通常總是說他是志在爲公的。人們對於一切志在爲公的人，亦至少有一表面的尊敬心。此見人之當求有公志，乃人之自然的理性自然的良心所同認。人只要依其良心理性之所在，以求其志之所在，並不是很難的，而是當下卽可求得的。

然而我們把志之誠僞純駁一問題加入，不只從人之表面的意識中，所透露之良知理性上看，而從人之意識的底層，或人之實際存在狀態去看，這問題就複雜了。人並不必是如他自以爲是如此，或向人說是如此，而如此實際存在的。人之公私的目標，是常互相移動，或互相摻雜，而且其分別達到之後，亦可互爲手段的。如個人之既得名利，可以成我之爲社會謀福利之手段；而我個人爲社會謀得了福利，亦可成爲我個人得名利之手段——由是人之志之誠僞、純駁，不僅他人不易看清楚；卽我們自己亦常不明白，而隨時可輕易的自恕自欺。

但是這個問題，亦有其簡單的方面。卽我們可暫不從一一存在之個體人本身上看，而專從人生在世，其內在的心靈生活之一般的發展階段上去看。此約言之，卽除了極少天生聖哲或天才外，人如順自然的道路走，人總是由原始的表面的公志之存在，轉變爲私志之生起，再轉變爲以公志之達到，爲私志之達到之手段，又轉變爲以口說的公志，文飾自己之私志，而成假人。人如不用一自覺的修養工夫，人之心靈總是由向上而向下，成一拋物線的歷程。任你英雄豪傑、才人學者，都逃不過此必然之命運。而扭轉此向下之歷程者，則爲原始的公志之自覺的求生長，並求把一切私志之達到，轉化爲公志之達到之憑藉，最後求成爲眞正的言行合一、表裏洞達之眞人。

(三)青年之向上心與其隋落之關鍵

這種心靈生活的發展歷程之所以如此，由於人生在少年青年之第一階段，其自然生命與精神，總是向上發展的。人之天生的良知理性，在少年青年，是比較在壯年中年老年，自然更清明的。少年青年人，亦是最能直接辨別人之善惡是非，富直接的正義感，並能一往的嚮慕一理想，而眞正佩服崇敬古今人物的。但是這只是自然的生命精神之燭，在燃燒時所放出的自然的光輝。此光輝之能繼續放出，由於人來到世間之歲月尚不久，他雖在世界生活，然尚對世界之事物，無眞正的佔有。在其生活之發展歷程中，一切世間事物，皆如只爲其自然的生命精神之流所經度、所運用、所消費，而非其所留駐。人無所留駐，則無眞正之佔有；人無佔有，則其生命精神可無眞正之陷溺於物之事；其良知理性卽能常保持其本有之光明。此卽少年青年之所以恒有一自然的向上心也。

但是此種少年青年之自然的向上心，常不能久。其所以不能久是因任何由自然的向上心而生起之理想，無論其最初是如何大公無私，而要其實現於事業，則必須人對世間之事物，能有所佔有。因人必須對世間事物有所佔有，才能在實際世間有一立脚點，亦才能在事業之成就上有一開始點。物質的東西與貨財，是一種可佔有的東西。身體的健康强壯，亦是一可佔有的東西。名譽權力地位，都是一可佔有的東西。人只要一動念，要實現其理想於此客觀的世界，人卽必然的須要去多多少少佔有這些東西，以為其在世間的立脚點，事業的開始點。人由青年而壯年，逐步表現運用其天賦的才智、德性，以獲得知識技能及對人之信用以後；人亦必然可多多少少佔有一些物質的東西、貨財、名譽地位等。然而人在開始對此世間諸事物，覺有所佔有之一刹那，卽人之生命精神陷溺沉淪於此諸事物的開始。（亦卽人轉而回頭看其所有之才能知識以至德性，而加以把握佔有，以生矜持、自恃、倚著、安排等心病之開始。然此諸病較細微，乃宋明理學家所深論，本文姑不說。）對於此所佔有者，人必求保存之並擴大之。此保存與擴大之要求，乃隨自覺有所佔有之一念，直接的自然的引生而出者。此卽一私的目標，一私志。自此私志之本原看，最初亦可是依一公志。因人可是為了一公志之實現，而後求有所佔有。然此私志既成，則可與最初之公志相對反，而其本身，又要求自然的永遠相續下去，此卽成為貪財好名好權之意識，而使人之精神向下墮落者。此是一自然的心靈生活之發展之辨證現象。此處人如無自覺的逆反之工夫，人總是順滑路，一直走下去。人通常在此，則恒只去自覺自己之最初的公志，以為其一切私志之生起，作自恕自飾，而視此私志無碍於我之公志之存在。實則此時吾人已走入最初之公志之否定階段。順自然之路而行，乃只能下墮，而永無上升之望者。由是而人乃漸以公志之達到，為私志之達到之手段，與自欺欺人之具。此卽亘古及今，千千萬萬以上之壯年中年老人，罕能自拔之命運。人類之自古及今之亂原，追根究本，亦在於此。

此上的道理，說來有一點抽象。但這都是我數十年來，在與人生活及自己生活中所省察出來的。這有無數之具體事實作證。我親眼看見無數青年時的朋友的精神，依着此自然的辯證歷程，循一拋物線而下墮，而他們自己不知道。我亦曾多多少少帮助一些有理想的青年，使他對世間之事物，能多多少少有所佔有，如一點貨財與地位之類；又看見他們在開始有所佔有的一剎那，即開始失去其原初的理想。此處，各人根器之厚薄淺深，自然不同。根器厚的，經得起困頓貧賤，亦經得起富足與名位。根器較薄的，則在困頓時，尙能挺起脊樑；稍爲得意，便向陷溺沉淪的路去。所謂「貧賤則懾於飢寒，富貴則流爲逸樂」，自昔嘆爲人生之大病。然人縱然根器較厚，如順其自然的道路走，遲早仍終歸於墮落。我由此悟到，人在少年青年時之向上心，純是自然的恩賜，全不可靠。而此向上心之是否能繼續，必須有待於後天的立志的工夫。否則燭燒盡了，總是熄滅的。而人之立志的事，則純爲個人自己的事。此與環境無關，他人亦實在帮不了忙。教育之力，不通過人自己之覺悟，亦全莫有用。對此人之由向上而向下的自然拋物線之存在，我是愈來愈看得清楚了。我親眼看見周遭的人的命運，都在由它作主，而罕能自覺。悲夫！

(四)宗教、藝術、文學，與志之興發

逆反此自然的命運的道路，首在要人深知，人之原始的德性與聰明才智同不足憑仗。人必須由青年起，便知求有一自覺的工夫，去提挈培養自己的志願，使之生長。人如已知去提挈培養，則我欲仁斯仁至矣，下面可不再多說。人如尙不知提挈培養，則如何提挈培養，可是一問題。在此我並不相信，只是凌空的教訓人「你應該如何如何」有什麼用處。而由在上的政治人物去敎訓人「應當爲國家民族人類而立大志」，尤缺乏用處。因此事不能由服從外在的命令而得，而只能由內在的覺悟而得。一切對人之勸導，亦只爲啟發人之此內在之覺悟而已。

此內在覺悟之啟發，究從何處開始？我們可以說，此當自人之超越感之提起開始。人之超越感提不起，人之公的志願總是不能生長，總是為其所佔有之事物所拖下，而陷溺沉淪的。要提起超越感，宗教與偉大之文學與藝術，恒能直接顯出效用。人無論在真正信仰上帝而與神求交通時，或信仰佛教而視世界萬物如幻如化時，人皆有一對世間一切有限事物之超越感之呈現。在此超越感中，把我們一些卑下自私的志願超越了，而有一生命精神之內在的開拓昇騰，心靈之光輝之自己的生發照耀。此不是如直接由我們之自然生命精神之燭燃燒時發的光輝之類，而是另一超自然的生命精神，與心靈光輝，在開拓昇騰或生發照耀。而人無論由壯美之物而生一莊嚴高卓之感，或由優美之物而生一潤澤和融之感，或由見有偉大堅强的志願者之視死如歸，而生悲劇感，或由見人之役於瑣屑渺小之目的，而自矜自詡者之可笑，而生喜劇感；皆可使人對其在世間所佔有之有限事物，暫時不復黏滯陷溺，或頓恍然若失，奮然思起。

但是除了真正獻身於宗教或藝術或文學者外，宗教或藝術文學，對於一般人，至多有一時的興發其公的志願感情之力，仍不能真正樹立其公的志願與情感。此中之理由在：宗教藝術文學，只能把人之精神暫時移入一超現實的境界，而不能使人長住於此境界。人在由教堂及劇場出來，或放下一文學作品，回到其日常生活世界之後，其由宗教藝術文學而生之一切感動，亦可立卽煙消霧散。由教堂與文藝作品所暫時激發出之公的志願情感，亦可只成為人在日常生活中所壓服的良心理性之暫時發洩，而聊以自慰者。卽在真正獻身於宗教藝術者，彼對其所獻身之宗教、文學、藝術本身，固恒有一無私的志願感情，但落到現實的宗教事業藝術事業等上，則他們亦可對其所從事之事業，非常固執自私，以與人爭名鬥勝，而對於整個國家民族或全體人類之公的志願感情，却常提挈不起。此亦不僅從事宗教藝術事業等者為然，而是一切從事專業的學術經濟社會文化之事業者之通病。

(五)人與其所有物，及大公之志願所由立

方才所述之此種病痛的根原在：人無論依何動機去作社會文化事業，此事業一落到現實上，便成一特定的有限的實際存在，並與現實世界中之物質、財貨、名位、權力等東西，發生交涉。人在此便仍必需多多少少佔有一些現實的東西，才能成就其事業。而人一佔有這些東西，其精神卽不免於黏滯陷溺於其中，而求保存其所有，擴大其所有。人之精神卽當下生出一顚倒，而爲此所佔有者之所佔有。故宗教藝術雖以使人自現實世界超拔解脫爲目的，而落在現實的宗教藝術事業上，宗教家、藝術家仍可是一樣的俗人。其爭利爭權爭名之事，可並不後人。人如祇孤獨的過一種靈修生活或藝術生活，而並不想作一客觀的宗教藝術之文化事業時，人誠可對世間之一切東西，由貨財至名位都不要。這是最高貴的宗教家藝術家的精神。但這種可貴的精神，只能由對世俗之一往的隔離超越，以反顯出。而此種精神，畢竟只能成就個人，而不能成就社會之文化事業與國家民族人類之社會生活的。只有此精神之志願則是一最高等的私的志願，然而畢竟不是一大公的志願。人如何能一方本其公的志願，在俗世從事特定的社會文化之事業，既要多多少少憑藉佔有運用一些俗世的東西，而又不爲俗世的東西所佔有，這才是人生在世上最困難的問題。人於此有無數的自欺，亦可以欺人，而掩蓋此問題之困難。人於此須經歷無數的精神上心靈上生活上的漩渦。人生命的船，須得由此撐過去，但隨時可令此船身粉碎，而遭沒頂之禍。此處是人之誠僞交感之地，上帝與魔鬼交戰之區。我想，不自欺地通過一切漩渦，以免沒頂之禍的，只有一條道路。卽人必須既不捨棄其俗世

所有的東西，又把其所有的東西，爲一公的正面的志願而使用。這事是很難的。但是捨此他求，我們將發現，無論在世間佔有多少東西，都不能滿足我；而全與俗世一往隔離超越，則我們無論到如何高的精神境界，總有一瓊樓玉宇高處不勝寒之感；而人既來到世間，如果我不能把我所佔有的特定事物，用之於一公的志願，則這些東西便必將佔有我，使我陷溺沉淪。故除了既承擔我在世間之所有，而又消費之使用之於一公的志願，我是無路可走的。

我們每一人之人生，有不同深度的三大迷妄。不破此三大迷妄，人皆不能立一公的正面志願。

人生之第一迷妄，是以爲我於世間無所佔有。此是妄說。人都佔有了其身體、其身體之一程度的健康、呼吸的空氣，及若干使用器物與貨財。人只要被一人認識，被一人稱許，就有了名；人只要在社會存在，便有一位；人只要能影響其他一個人，就有了一點權力。身體、物質、貨財、名位、權力等世間的東西，人總是多多少少具有的。故人在世間，必有所有，此是一絕對必然的眞理。不然，則人不能在自然社會存在。故人如自以爲他什麼都莫有，就是第一大迷妄。

人生之第二迷妄，是人自以爲能安於其所有，而滿足於其中。人在一時可自矜自滿，但此只是一時之事。過此一時，無不自覗有所缺。富有四海，貴爲天子，名震天下之人，同不能滿足。因人尙欲求長生不老，富貴萬年，名垂萬世。但人縱一切稱意，又長生不死，人之永遠活下去活不完，仍是不能把人之要求全滿足的。而且，人之眞永遠活下去而活不完，此活不完，亦會成一負擔，使人厭倦而覺可怕的。人之不能由其所有之一切，以得完全之滿足，乃因人既知其「所有」，此「知」卽超越此「所有」，而順此「知」，卽會另求有「所有」。因而「有知之人」，乃絕對不能於其「所知之所有」中，完全滿足的。故我之一切稱意而長生不老，如成爲「我所知的我之所有」，我仍不能於其中得滿足，而仍將感厭倦，而另求有所有。此亦是一絕對必然之眞理。故謂人能滿足於其所有，乃人之第二大迷妄。

人能眞見得其絕對不能滿足於其任何所有中，卽可自證其眞自己之爲超越自己之一切所有之一存在。由此而人可視其一切所有，爲自己以外之物而捨棄之，故人可發出一逃出世間之名利、權力，及不要富貴壽考之意志，以至發出一不需要任何在身體外之物質，以及心靈以外之身體之意志。此是世界一切大宗教家之超世精神之根原。此志願非不偉大，亦非不能充量表現，而使人成一純精神之存在，住於一純精神的境界，這些都是可能的。我亦曾一直嚮慕此境界，但是後來又知道，以個人達到此最後目標，卽可使人滿足，仍是一迷妄。因此只是把人在俗世之一切所有捨棄，而尚未能將此俗世之一切所有，與俗世中之他人，皆加以安頓，使之皆得其所。而這些東西不能安頓，則此純精神的世界外，仍是一片荒蕪與混亂。而人能自覺到此，則人已不能只住在此個人之純精神之世界內，而不能眞安頓自己於此純精神之世界內了。

去此三迷妄所顯之眞理是：人在世間，既有所有，又不能滿足於其所有，又不能一往只棄其所有，以求其個人之超越其所有。因而人生之唯一正路，是一方承擔其所有，而一方又消費之使用之於一超個人的大公無私的志願之前。唯此可以既實現人之超越其俗世所有者之人性，亦使其在俗世所有者，與俗世中所接之他人，皆可在此志願下，得其安頓。此中有一理論上的必然與定然。你愈思索，愈將見其必然定然而不可移。除此以外，人無正路可走，無路可以成就自己，亦無路可以成就他人與世界。

人須有一大公無私的志願，但此志願之內容，却可有各種。無論平天下、治國、創立一家庭、辦一學校、開一工廠，以至從事任何一種社會文化事業，或把我自己造成一有用的人才，同可出於一大公無私的動機，而爲依於我們之大公無私的志願而生之事。而此中之公私之辨，只在一點，此乃人之良知理性所共知：即把我之所有，貢獻於超越於我以上之他人、或我與他人集合成之團體、國家、民族、人類社會或宇宙、上帝、佛、菩薩、眞美善之境界者，即爲公；或爲了求能有如此之貢獻，而求我之所有之保存與擴大者，亦爲公。一個人能有一公的志願，而爲此把天所賦與之才力智慧貢獻了、表現了、還諸天地了，乃撒手而去，則此人算盡了他的人性，顯出了他之爲人之最高的風度。此人即生在天堂，死爲神明。反之，人只求超越於我者之屬於我，成爲我之所獨有者，即爲私；或爲達此目標，而表面求對超越於我者有所貢獻，以爲手段，亦爲私。私欲彌天，欲佔有世界萬物，而我之心，即在欲幽囚萬物的地獄中。

(六)拔乎流俗之心量

人之良知理性可共知此公私之辨，然而人却終難有眞正大公無私之志願。此乃因我既在世間有所有，則我只求保存我所有、擴大我所有之事，乃順而易行。在此欲捨棄我所有，如捨離世界的宗教家所爲，已難如登山。至于欲負擔我所有一切，以求貢獻於他人與世間等；則有如負重而登山，再以贈故人。其爲最難，思之自知。此中之功夫，當如何用，方能立一大公無私之志，實不易答。但我認爲我們對此問題，眞要切問而近思，則除在我們自己當前之具體生活中求仁，實亦無處可使人能立此志。一切哲學的思辨、宗教的祈禱、藝術文學的陶養與興發，及一切政治上的鼓舞宣傳，都是間接而較不切實際的，不能使人於此問題有親切感的。然而所謂於自己當前的具體生活中去求仁，同時亦是最不好說的。因各人當前的具體生活中之情態不同，各人之氣質不同，而求仁立志之路道，亦不必同。

照我的意思，人要求仁而立一公的志願，尚不能直接從愛一切人類，忠於國家民族之抽象理想下手。這些理想，是歸宿處的總持之概念。然而人之眞正的仁心與志願，並不必能從此直接發動。說愛一切人，亦不是當下可以實踐的。因我們試對周遭之許多人，一一加以檢討，我們便可發現其不都是我須愛的。此或因其並不需要我之愛，或因其太壞，或因其可厭，或因其與我利害衝突，我不易去愛，我們通常只能作到不恨而與之以禮節相接。婆婆媽媽的愛一個一個的人，旣愛不完，亦不算大仁大志。卽國家民族，最初對於我們，亦只是一籠統名詞。人之求仁立志，便都不能在此下手。然則自何處下手？我認爲首應從當前具體生活中，求有一拔乎流俗的心量之樹立下手。這亦是一超越感之建立。此超越感，並不是直接由對人傲慢，看不起人而生。對人傲慢看不起人，正是心中有人。此時是心中根本忘了他人。亦不是由欲捨離世間而生。此乃是卽我自己份位上，自下升起我之心靈生命精神，而冒至我們之營營擾擾的與世周旋之生活之上，而使我之直與天通、虛靈不昧的心靈生命精神之自體直接呈露。此心量或超越感，是無特定內容的。其內容卽一上升的超越感與心之高明廣大之量。人有此感、有此心量，卽能一面上開天門，呈露性德，迎迓天命；一面使此心昭臨於流俗世間之上，而對流俗世間之名譽權位，可全不計較。此卽人求精神向上初步必需有的修養之道。

我們說人之身體、器物、貨財、名位、權力，皆是人在世俗中所有的東西。但這些東西中，在人間世中力量最大而最足斵喪人之志氣的，却是人求名位權力之心。因此一者皆依於我被人所認識。然被人認識的我，乃我之外在化於他人之心者。我不能只求我之外在化於他人之心，若然，則終必致我之外在於我自己，此諸義皆嘗於第一篇論人生之毀譽中言之。人欲回到他自己，而提升其精神，則必須自超越其世俗之名位權力之營求始。此乃道釋基儒諸教之所同。然前三教皆重直接制伏名位權力之欲，而視之爲煩惱、罪孽或妄念。如基督教要人不求世間之權力，不求人知，只求天知。釋教是要人去除一切我慢我瞋，而以名爲五蓋之一。道家要人自問「名與身孰親？」而學聖人之無名，神人之無功。至于儒家則是要人正面的從我這裡，自下而上的直接生起一拔乎流俗之超越感、與高明廣大的心量，唯先求一自信，而不期人之必信己，乃使人自然視流俗世間之名位權力，爲無足重輕，然亦可不否認其在流俗世間之工具價值。因拔乎流俗之心量，乃一超越流俗，而亦可涵蓋流俗之心量。

(七)把我放在世界內看之涵義

人在有拔乎流俗之心量時，卽有一自下而上的生命精神之升起與開拓，人于此亦卽可自動自覺的以宗教藝術文學中之境界來陶養自己，而不只是被動的接受由宗教藝術文學而來之感動。由此而人亦可長住於一宗教文學藝術之境界。但是人卽能長有一拔乎流俗之志，而長住於一宗教藝術文學中之境界，尙未能算切問近思的求仁，以立一涵有客觀意義之公的志願。

此涵有客觀意義的公的志願之立，必俟於此拔乎流俗之心量再超轉一步，一方「把我自己放在我的世界中去看」，一方「把我的世界放在我裏面去看」，由此以使向上冒起之拔乎流俗的心量，平順的鋪開，而落到實際。

所謂把我放在我的世界中去看，此卽在自然世界與人間世界中重確認我的現實存在地位。此存在地位，是指我已所有的，而非待我去營求的。此存在地位，一被確認，卽把我重置定於世間，而使我能通過自然與他人來看我。我通過他人與自然來看我，不是由求他人認識我而生之好名位權力之心，或向自然求財富一類之活動，而是我能認識之精神，自動的升向廣大高明，以包涵他人與自然後，再來認識我自己之存在於我所認識之他人與自然之世界之內。然而在我認識了我之存在於他人與自然之內時，我同時卽重置定了現實的我之有限性、現實的我之體力、聰明、智慧、才力、德性之有限性，及我在自然世界、人間世界之處一特定之地位，如居一特定之時空，有特定的身體構造、有特定人倫關係社會關係、屬於一特定之國家、居一特定之歷史時代等。此等等合以構成我之特殊性。此我之有限性特殊性之自覺，乃與我之對其他人與自然物之有限性特殊性之自覺同時起來。於是我之此自覺，卽同時顯其自身，爲通於我所知之一切特殊者有限者之一普遍者無限者，而兼照顧關切我自己及我所對之他人等之兩方面，要求其活動之相孚相應，以存在、以活動、以各得成就者。此卽涵有客觀意義的志願所自生之人心根原所在。由此志願，而人有一公的事業意志。

我們如果眞了解有客觀意義之公的志願之所自生，便知人只本於一原始的向上心，正義感、同情心、而冒出之對社會國家人類之熱情的理想，尚只有主觀意義而無客觀意義。因此時人對於他自己之有限性特殊性、他自己是什麼、能作什麼，尚莫有眞正的自覺。此由于他尚未能通過世界來看他自己。直接依於一宗教藝術文學上之啟示而生的，對於世界之較具體的理想，亦常只能引起人之浪漫情調。此理想與情調，恆在其了解世界之現實時破滅。否則恆只轉爲一破壞性的理想或情調，而想推倒一切。此可帮助革命，然不能成就一任何有建設意義之志願與事業。此亦因其尚未經歷「通過世界來了解自己的階段」之故。一個人有了一拔乎流俗的高明廣大之心量，他可以自覺到：在世界中有具此拔乎流俗的心量之我。然而此心量，是一具超越性涵蓋性的心量，其本身是不能眞認識我之爲世界之現實的存在之有限性與特殊性的，是不知我在世界之實際存在地位，亦不知我在世界之畢竟能作什麼的。則直接由此心量，仍不能成就一眞實的志業。故人如不由此心量再超轉一步，人仍是封鎖於一高級的主觀世界中。而此超轉一步之關鍵，則在通過世界去看我，把我放在世界之內去看。

(八)把世界放在我以內看之意義

我們眞要立一客觀意義的公的志願，以成就一公的事業，我們尙須把世界放在我之內看。所謂把世界放在我之內，即使我與世界合一。但所謂我與世界合一，有許多歧途。第一、把世界之萬物與他人，作爲我達到私人目的之工具，此亦是把世界放在我之內看之一義。野心家要征服世界，亦是使世界與其自我合一。此只能成就大野心大私欲，決不能成就公的志願事業。第二、人在徜徉於自然，或欣賞文學藝術時，亦有一物我雙忘，心與天游，與造物者游之感。但此通常只是個人之一時的境界，來則來，去則去，而非個人所能眞自主的。第三、人在相信泛神論的宗教時，亦可覺萬物皆是神的表現，我亦是神的表現，而一時覺萬物與我爲一。此是藝術的宗教情調。第四、人亦可本於哲學的理論，把我與萬物，用一貫原理加以說明。而人在一心觀照此一貫原理時，亦可一時如悟大道，而我與萬物之別，皆頓時消泯。第五、人在一消極性破壞性的革命熱情出現時，亦可覺整個世界皆一齊震動，我與世界萬物皆融化於一泛濫的熱情之流中，而更無分別。但這些「把世界放在我之內看」或「我與世界之合一」，通通不是能成就一公的志願事業的。

能成就一公的志願的「把世界放在我之內看」或「我與世界之合一」，不是一現成之事實，不是先在的眞理，亦不是一儻來之境界，而是一在道德的實踐歷程中逐漸成就。而人生在世，又永無完滿成就之一日的。在此實踐歷程中，人不是把世界向我這裏拉，亦不是以我去擁抱世界；而是我之放開我自己，去迎接世界，或離開我之原來的自己，去承擔世界。一切合一，皆是在此迎接與承擔處之合一。此所謂迎接承擔，乃把除我自己以外，而爲我所接觸的其他人物本身之獨立的生長成就之歷程或其嚮往願欲要求，迎接下來，承擔起來。此卽一成己而成物之志。己與物在歷程中；成己與成物之志願與事業，亦永在一歷程中。此中有一眞正的自强不息之精神在貫注。在此精神中，方有一眞正的世界在我之內，或我與世界合一之實感。

此上所說的「把世界放在我之內看」中世界，決非一囊括萬物的世界理念，而是直接呈現於有限特殊的我之現實存在前，而充滿其他有限特殊的具體人物之世界，與由此世界依一定次序，所能通到的其他具體人物之世界。此世界卽我之環境之世界。所謂把世界放在我之內看，卽把我之環境眞放在我之內看，而把我之環境中之具體的存在事物之生長成就，與由求生長成就而生之一切矛盾衝突及一切問題，放在我之內看。人唯由此，乃能發出眞正有客觀意義的公的志願，然後能依此志願，以作出有客觀價值之公的事業。離此而言任何理想、任何志願，都只有一時開闢心胸之價値，都不免使人陶醉於一主觀之世界，而造成一人生之躱閃與逃避，亦都不能使人有眞正的物我合一之實感。

所謂把我環境中的世界放在我之內看，並不是難懂的道理。人能否如此，相差只在一念之間。然卽此一念之間，卽天地懸隔。人依其自然的衝動，與表現才能於外的傾向，人初祇是視環境爲我之生命精神活動的運動場。但在人之自覺的對世間之物有所佔有時，人卽把其所佔有者，與其餘之環境中人物劃開分別，而與其餘環境中之人物，取一對峙態度。由此態度，更引生出一種欲加以利用控制的態度，而與人爭名爭權爭位。宗教文學藝術及一般哲學的態度，則欲由此對峙中超升。至于我們所說之把世界放在我之內看，則是直接把與我及我所佔有之物成對峙者，轉化而爲不與我成對峙者；同時把我與環境中人物之對峙，及環境中之人物，由相對峙而產生之一切矛盾衝突與問題，都視爲我自身之內的問題。而我們之每一求此矛盾衝突與問題之解決的事，卽都是一有客觀意義客觀價值的事。由此卽可開出眞實的有客觀意義的公的志願與公的事業。

(九)逃避與承擔，及公的志業所自生起之根原

所謂把環境中之事物與其問題，化爲我自身之內的事物與問題，卽不把一切環境中事物與其問題，推開而使之外在化；却把它加以內在化之謂。如人住在汚穢的地方，此汚穢與我之要求淸潔，有一矛盾，生一問題，我卽必求此問題之解決。如果此汚穢是在我之房中，我覺此房屬於我，我有能力去此汚穢，則我必去作一能有客觀意義的去汚穢的事。但如此汚穢是在街上的汚穢，我無力去此汚穢，則我們通常只想離開此街，以求一新環境，而使我們所感之問題，根本不存在。可見我們通常之解決我與環境間之矛盾的問題，有二辦法：一是在我力所得而施的時候，則以改造環境的辦法，以爲解決；二是由逃避環境以爲解決。在前者之情形下，我是視環境在我之內；在後者之情形下，却是推環境於我之外。如果我們於此根本不認

此環境爲可逃避當逃避者，而把此街上的汚穢，當作我自身的問題，則我將立卽形成一公的志願，卽根本去除此街上之汚穢。而人有此志願，則會求其實現於一公的事業，如一公共淸潔公共衞生的事業。我們可以此例，譬喩一切公的志願的事業之所由生的根原之所在，亦卽一切實踐性的社會道德意識的根原之所在。

譬如我在家庭中，父母對我不好，或家庭中婦姑勃谿兄弟鬩牆，這亦是我與環境中之人間之一衝突不和的問題。在此我可想出家，或逃出家庭至社會。此便是一種逃避，而未能把我的環境中之人物及其問題，視爲在我之內者。如我逃至社會，而在社會作事，又見一社會團體中人之互相傾軋，各社會團體之互相排擠，各社會上之階級之互相鬥爭，於是使我討厭社會。這又是一種逃避。由此逃避，或使我入深山，離群索居，或使我發心當一純粹的學者。但在我學問有成時，我又可發現一純潔的學術之可爲政治所利用，或商人所利用，於是我又可逃入宗教教會。但我在教會中，仍可發見種種黑暗。我便只有逃出教會，而或到深山中去過一個人的神秘主義之生活。然而此生活之孤獨，及人與鳥獸不可同群之感，又或使我再想逃避孤獨，回到人間。在此種逃避歷程中，人乃永不能有一公的志願之確立，與公的事業之成就者。然而人如能反此，而把此上所說之某一時所感之問題，承擔起來，把引起我之問題之環境中之人物與我之衝突矛盾，都視如我自身以內之衝突矛盾，而依良知理性，以求其原則性的對自己及他人作有效之解決，則我們立刻隨處發現涵有客觀意義之公的志願之湧出，與公的社會事業之當作。因在此不逃避的態度下，則我所接之環境、我之家庭、我所在之社會人群國家，都在我的世界中，卽都在我之自己之心中。其中有一矛盾衝突的問題未解決，卽我之自己之心中有一分裂，有一痛苦，我不能逃出我自己之分裂與痛苦，而必求融和此分裂與痛苦；我卽不能逃出我的世界，亦不能不求我的世界中一切矛盾衝突的問題之解決，而使我去抱一公的志願，去從事一公的事業。故人在知道其無論如何逃避，終無地可眞正藏身而自安之後；人唯一的正當態度，便是把自己所接之環境中之一切人物與其問題，視如在我自己之內，而全部承擔起來，同時承擔此中之一切分裂與痛苦。由我們對於所承擔之每一分裂與痛苦，要求一原則性的，對於我與他人同有效之解決法，卽開出一公的志願公的事業之路。爲求一公的志願之樹立，公的事業之成就，人自然可以暫時離開其所在環境，或暫隱居以求其志。但是那只是以逃避爲一承擔之準備，其最後仍將再來求其所感之問題之眞實的解決，而行義以達其道。此不能作逃避論。

我們不能說，人生能不感分裂與痛苦。人有一欲望、一目的活動，卽可與環境中之人物分裂而衝突，而此中必然有痛苦，故人生與痛苦相俱。但是人之最大的迷妄，卽在常忘却其所感之分裂與痛苦，而求一逃避躱閃之所，然又終不能得，於是悠悠忽忽，過此一生。反之，人能自覺其所感之分裂與痛苦所在，而求一原則性的對人我皆有效之解決法，則人之無限的公的志願與事業，都可分別在不同人的身上生長起來。人能自覺其病的痛苦，人卽生出學醫的志願，去求開出醫藥衞生的公共事業。人能自覺其愚昧的痛苦，人卽生出求知識的志願，去求開出學術教育的事業。人能自覺家庭的痛苦，人卽生出爲孝子賢孫以身作則之志願，去求開出維持家庭道德之教化之事業。人能自覺人與我權利之爭的痛苦，人卽生出一求人間之權利之分配接近公平的志願，而開去從事建立禮制法制之事業。人能自覺暴君與極權政治之痛苦，人卽生出促進政治民主之志願，開出求建立民主自由之政治之事業。而我們中國人，今能自覺到視人如物的極權政治之痛苦，中國的分裂之痛苦，中西文化之衝突而相毀的痛苦，我們卽當視人如人，而作由極權政治中謀解脫，以統一中國及融通中西文化之事業。總之，凡我們感有一分裂一痛苦之所在，皆是一公的志願公的事業之生發開始的根原之所在。無論我們之痛苦，是專爲自己而痛苦，或兼爲他人而痛苦，其原則性的解決法，如是公的，皆可引發生出一公的志願，公的事業心之興起。我們之痛苦，有各方面的，其對我個人之强度，亦有各程度的不同。我們之解決此類痛苦之能力，亦各不相同。由是而各人之公的志願，可各不相同；各人所最樂於從事，並有能力從事之公共事業，亦各不相同。然而人決不會莫有痛苦，亦決不會一無能力，因而決不會不能有一公的志願，亦決不會莫有任何能力，去參加任何公的事業。由此而任何人皆當求有一公的志願，並參加一公的事業。雖然人之痛苦之種類，與能力之種類、公的志願之種類，無人能得而盡論之；然而對於人之如何立志，其下手處，我們却可有一原則性的答案，即：「自覺你一生之眞正的痛苦之所在，而思其對於自己與他人同有效之原則性的解決，而盡己之力，與人共求此解決，則你將發生一公的志願，並尋得你所當從事或參加之公的事業。

自覺你之眞實的痛苦，是諸葛亮敎子弟書所謂使庶幾之志「惻然有所感」，是宋儒所謂知痛癢。生發出一公的志願，是諸葛亮所謂「揭然有所存」，是宋儒所謂公而以仁體之。除此以外，人可以有自然的情欲、有私欲、有才能的表現，有知識的獲得，以至有深遠的識見，有超妙的意境，有虔誠的信仰，有神秘的證悟，以至有一廣大的胸襟，高卓的氣慨，但是尙不足以言有眞正的志願。而只有人在其有一眞正的志願，以主宰其實際存在時，人才眞成爲一頂天立地，通貫內外人己的眞實人格；亦才成爲一能開創文化，成就客觀的社會事業的人格。此之謂眞正明體達用的人。

四十五年七月十九日

第五篇・死生之說與幽明之際

(一)引　言

最近爲丁文淵月波先生之逝世，曾二次到香港之殯儀館，重使我想到三十多年來，一直關心的人之生死問題，與一些十多年前已決定的見解，今藉茲一說。

我與丁先生，數年來雖時常接觸交往，但了解不深。關于他之學問人品，另有他人作文詳述紀念，不在本文之列。我只知道他與其兄丁文江、在君先生，數十年來是努力提倡西方科學于中國的人。丁在君先生因只相信西方醫藥，曾說寧死亦不請敎中國醫生。丁月波先生于前年，聞台灣有研究中國醫學的學校之設，亦卽立刻作文，大加反對。對于在君先生之寧死不服中藥，是假定中藥有效，亦絕不服用。此並不合于科學家的重實效的精神。而丁月波先生一定不許設研究中國醫學之學校，我亦並不知其在科學上之必然的理由在那裡。記得讀了他那一文後，亦嘗竊竊不以爲然。但是此次見月波先生之遺囑中，說要將其遺體送香港大學醫學院，交學生解剖，我却不禁肅然起敬。連對于在君先生之一生反對玄學，而臨死亦不服中藥之精神，亦爲之肅然起敬。因這可見他們之提倡西方科學，有一死生以之的精神。然而此精神本身却不是科學的，而是對科學抱一宗敎性信仰的道德精神。而月波先生之遺囑，要將其遺體送交醫學院供學生剖解，更明顯是望有助于人類醫學研究之進步，以造福後人，其道德精神更令人肅然起敬。於起敬之餘，我不能不想到：畢竟他這一番道德精神，如今到那裡去了？

但是我這問題，在丁先生生前，是莫有法子向他問的。他根本莫有此問題。他學醫的目的，只是要延長人類的生命之存在，而不是要保存他死後的精神之存在。他或正因想到人死後其生命及精神卽不存在，然後才要學醫，以求延長人之生命及精神的存在。而他純以自然科學的眼光，來看世界，我可斷定：他在生前，並不相信他死後之精神還存在，而到另一地方去的。然而在我對其精神肅然起敬之餘，我却不禁想到此一問題。然而丁先生却不能答復我了。眞正細想下去，此中實可使人對一切人之生死問題，生無盡的惶惑，而感無盡的悲哀。

(二)人死問題與人之「生」之意義

人死了，究竟其精神是否卽莫有？如有，到何處去？此是古往今來，無論野蠻民族文明民族，無論智、愚、賢、不肖，同有之一疑問。此疑問，不只是理智的，兼是情感的，不能只向現實世界求解答，且當向超現實世界求解答。這是人類一切宗教的一根源所在，是無數的文學、建築、音樂等藝術作品之所由產生，亦是誘導人作形而上的思索之最大的動力。人生只有百年，而生前與死後，則是無限的長遠。以有生之年與已死之年相較，直是一與無限之比。則何怪無數的人之情感與思想，由此起來。

但是這問題，要純自思想理論上求解答，却有無數的可能的答案。每一答案，都可有各色各樣的駁論。因死後之世界，如一黑暗中之無涯的大海。人在此大海邊，可以其心靈之光，向任何方向照射，去作自由的想像，或以理智的思慮加以推測，都可如有所見。此黑暗之大海，原不拒絕人作何種之想像與思慮的推測。于是當作一思想理論的問題來看，此問題便可人各一說。然而人亦似永不能有一絕對的標準，以證驗他人所想像與推測者之是非。因而純從知識的立場，我們對此問題，最穩妥的辦法，是自認無知，肯定死後世界是一不可知，或于此存疑，或只是靜待此不可知之世界送來的消息。此在宗教上稱爲啟示，而人之對此啟示之態度，則爲信仰，或不信。消息自己來，人之信與不信，亦人自己信或不信。此消息不強迫人信，亦不同時帶來能使不信者必信的證據。人亦常無從知道這一些消息是眞消息、或僞造。由是而人仍可對此消息存疑或不信。

但是我們在把由自由的想像思慮推測，及由啟示來的信仰之門，一齊關閉，以求解決此問題的時候；我們却可說，人對于人生之眞了解，與對死者之眞情實感，却展露出一條由生之世界通到死之世界、由現實世界通到超現實世界，由生的光明通到死之黑暗的大路。此之謂通幽明的大路。

依此對人生之眞了解，我們是不能說，人死後卽一無復餘的。因除了唯物論，莫有人類之任何思想能證明，人之身體之停止呼吸與肉骨朽壞後，人之精神卽一無復餘。但是唯物論是絕對錯誤的。其所以是絕對錯誤，是由人在生前，已在其生活中先已處處加以證明。此證明是：人在生前，卽從來不曾成爲一只顧念、要求其自己身體的存在之人。人一直嚮往着、思維着在其自己身體之外之上之種種物事。人在生前，人之精神實早已時時處處超越過其自己身體存在之問題去用心。卽就丁先生之例來說，他在生前，已將其遺囑寫好，要人們在他死後，把他之遺體送給醫學院學生研究了。他在生前的心思與精神，已想到其死後之遺體的安排，與其遺體之將被解剖而不存在。他寫遺囑時的心思與精神，乃是一要奉獻其身體于人類社會之學術文化的心思與精神。此心思與精神，卽是已超出其生前的身體的心思與精神了。

對于我們此說，有一最壞而最可憐的駁論，就是：如果莫有丁先生生前的身體，誰能寫遺囑？這是依于人之唯物論思想而發出之最壞亦最可憐的駁論。其所以是最壞最可憐，是由于其對于人之心思與精神，全不知自其本身與其本身之所嚮往者着想，只是翻到此心思精神之背後看。當然，丁先生如果無生前之身體，不能寫遺囑。我們還可以說，如果他無筆硯之物，亦不能寫遺囑。但是我們要知道，寫遺囑是要費精神，同時要費身體的力量的。此所費之身體力量，無論如何的少，都是使丁先生提早一分一秒的時間死亡。如果人只是一求自己身體之存在之動物，則多生存一分鐘的時間，亦將好一分，多生存一秒鐘的時間，亦卽好一秒。誰使他願意少活一分一秒的時間，來寫遺囑？這只能是他之寫遺囑的意志與精神。他之寫遺囑的意志與精神，乃是要在遺囑中表達其奉獻遺體，以供後人研究，以促進學術文化之意志與精神。他當然不會要求多活此一分一秒之時間。然而他之爲寫遺囑，而少活一分一秒之時間，則斷然的證明：其意志與精神之本性與其所向，是超越其求延續其身體的生存時間的欲望之上。此意志與精神，于此乃表現爲：一與此欲望背向而馳的願望。此願望正由其求身體生存之延續的欲望之超越與否定而成就；如何可說此願望中所表現之精神，只隸屬于他之生存的身體？如果丁先生在生前的願望中之精神，已超越于其生存的身體，則其身體之不存在，如何能成爲其精神之不存在的證明？然而反之，我們却可由他之寫遺囑，就是要歸于使其身體少活一分一秒之時間，以早歸不存在，而由遺囑以表現其顧念人類之學術文化的精神；以見他在生前之精神，早已超乎他個人身體之存亡與生死之問題之上了。在生前已超乎生死之上的精神，是斷然不能有死的。

這一種人在生前卽有的超乎其個人身體之存亡與生死以上的精神，不僅丁先生才有，其實是一切人在任何時都同樣能有的。人在生前，要求其身體的存在，是一事實。但人之所以要身體存在，是爲的人要生活，然而人不只生活在身體中，而通常是生活在身體之外之自然世界、家庭國家之人群世界，歷史文化之世界中。在此生活中，人之精神是處處向着在其自己的身體之上之外的物事，而不是只向着其自己的身體的。有些年輕的小姐出門與戲子上舞台，要化粧半天，亦不是只想她的身體。她想的是在他人心中留下好的印象。人除在病中，或其生活之行爲受了阻碍，如走路跌了交，人之精神實從未眞想着或向着其身體的。而人之所以怕病、怕身體不健康、怕受傷、怕身體失去自由，而進監獄，只是爲成就我們之生活。在生活中，我們之精神，只向着園中的花、天上的雲彩、街道的清潔、劇場中的戲、我之事業的成就、我在他人心中之名位的增高、我家庭中子女之教育、夫婦的和睦、朋友的交游、與我國家之富强、人類的和平康樂、歷史文化的發展與悠久、以及各種眞善美的價値，與古往今來的人物及天上的神靈。卽使是醫生，他亦只是向着病人的身體，而不是只向着他自己的身體。我們之精神，通常只向着我們之身體以外的東西，而後成就我們的生活，而後我們希望我們之身體存在。我們從來不曾爲身體存在而求身體存在。我們只是憑藉身體之存在，以成就我們之生活，與我們之精神之活動。然而我們多活一天，我們之依于物質的身體之自然生命的力量，卽多用一分。每一種生活之成就，都依于物質身體中之能力之耗費，卽自然生命力之耗費。每一耗費，卽使我們更進一步迫近死亡。我們一天一天的生，卽一天一天的迫近死亡。這是一平凡的眞理，然人爲什麼並不覺得？爲什麼世間很少人終日在此想到死、擔憂死？此有一簡單的答覆，卽人並不只生活於其身體之存在本身，而主要是生活在其身體之外之上的世界中。人之精神只要一直注意在此身體以外以上之世界，其身體之存在之日迫近死亡，便可不是他的問題。而且他正須向死迫近，不斷耗費物質身體之能力與其自然生命力，然後才能成就其生活與精神之活動。人的生活與精神之活動之成就，即成就在此物質身體之能力與自然生命力之不斷耗費，以歸于死亡而不存在之上。我們可以說，人的生活與精神活動之逐漸成就，而由不存在走向存在；即依于人的身體與自然生命，由存在以走向不存在之上。此二者是一切人生所同時具備，而方向相反，並相依並進之二種存在動向。在此二存在動向中，人以其身體之走向不存在，成就其生活與精神活動之走向存在。是卽人之生活與精神活動，由人之不斷去迎接「其身體之不存在」以存在之直接的證明。亦卽人之有生之日，皆生于死之上之直接的證明。生于死之上的生，乃以最後之死，成就其一段最大之生，亦成就其生活與精神活動之最大存在。故死非人生之消滅，而只是人生之暫終。「終」只是一線之線頭，用以凸顯整個線段之存在者。而人在有生之日，所以能只想其如何生活，如何運用其精神，而不想到死；正因此人之原生于死之上。至于人之精神本無死，何以又會想到死而怕死，則此亦惟因人之欲留此身體，以更成就其生活與精神活動，如前文所說。非精神眞有死之謂也。此中之智慧，惟賴每一人之自思其所以生及如何生，以細心領取。人不能知生，卽不能知死。故孔子說「未知生，焉知死」。

(三)死者與後死者之相互關係，及幽明之徹通

然人生最大之問題，尙不在其自己之死。人在有生之日，其生卽生于死之上，以其身體之向死，成就其生活與精神活動之向生；則人自己之死之問題，皆可不須解決而早已解決。至人畢竟應否不思其自己之

死，如何眞能不怕其自己之死，則是另一問題。非今之所及，（本書第六篇第五節于此有所論）然人對他人之死，則最不能無惑。家人親友，一朝化往，軀體猶存，音容宛在，而神靈已渺。謂此軀體之所在，卽其精神之所在耶？然宛在之音容，不可得而再見矣；此音容中所表之深情厚意，不可得而再接矣。謂此音容與深情厚意，卽一逝而不存耶？則奈何此音容猶宛在，此深情厚意，感刻于吾心者，可歷久而不忘也？然如其精神之尙在于軀體之外也，則後死者又將何往而求之？上天下地，索之茫茫，求之冥冥，雖千百萬年而終不能得也！此處卽動人之大悲哀，亦動人之大惶惑。果他人之死，動我之大哀大惑如是；則我之死也，其動後我而死者之大哀與大惑，亦如是。而人生代代，所動于後代之人之大哀大惑，亦皆如是。則無數代之人生，亦無數代之大哀大惑之留傳不斷而已。而吾今日之思及此無數代之大哀大惑之留傳，則又將更動吾今日之無限之大哀大惑，而不能自已也。然則人之生也，果若是芒乎？而亦有不芒者乎？

在此處吾人不能不佩服世界宗教家，對死者之禱辭，與加以超渡之聖禮、作哀悼之輓歌，與修墳墓廟宇之建築師之用心，實代表人類精神之至崇高莊嚴偉大神聖之一面，蓋其志皆在求破此人生之惑，以寄此人生之大哀，以徹通此幽明之際也。

然此幽明之際，將何由而證其必實可徹通？人何由確知他人之精神之尙在，且可存在于後死者之心靈精神之前？則此非世間之一切思慮推測與想像之所及，而仍唯有由自人之所以生此大哀大惑中之深情厚意中領取。

此所領取者，卽吾可以吾之超出吾個人之生之深情厚意，以與死者之超出其個人之生之深情厚意，直接相感。此卽可實徹通幽明之際矣。

何謂人超越個人之生之深情厚意？此非一般人之生活中之精神活動皆足以當之。而要必人精神之活動，確爲一超個人之目的理想而有，並對具體之其他個人之精神，嘗致其期望、顧念、祈盼等求感通之誠者，方足以當之。然而此亦一切人在一刹那之間都可有的。

一個在彌留之際的家中之老人，對兒女指點家中的事。一個戰場上傷重將亡的兵士，對同伴呼喚快逃；一個革命黨人在病榻中，策劃其死後的革命工作；一個社會之任何事業之創辦人，在臨危之際，對其繼承者之分付囑託；以及一切殺身成仁，舍生取義的志士仁人之寄望于來者：此通通是人之精神活動，確爲一超個人之目的理想而存在，並對其他個人之精神，致其期望顧念祈盼之誠，而表現于死生之際者。此處人明知其將死，已走到其現實生命之存在的邊緣，于是其平生之志願，遂全幅凸出冒起，以表現爲一超出其個人之生的，對他人之期望、顧念、祈盼之誠。此期望、顧念、祈盼之誠，直溢出于其個人之現實生命之上之外，以寄託于後死者。此卽如其精神之步履，行至懸崖，而下臨百仞深淵之際，驀然一躍，以搭上另一人行之大道，而直下通至後死者之精神之中。而當後死者之感到其期望顧念祈盼之誠中此精神之存在時，則雖鐵石心腸，皆不能無感動。由此感動，後死者乃眞實接觸了、了解了死者之精神與死者之深情厚意。而此感動，則代表後死者本身對于先死者之一深情厚意。于此，死者之精神，是如由其自身超越，以一躍而存在于他人之精神中；而後死者之受其感動，則是後死者自身之精神，自超越其平日之所爲所思，而直下以死者之精神爲其精神。前者是死者之精神，走向生者而來，後者是生者之精神，走向死者而往。死者知其將死，卽知其精神之將由明以入于幽，對人爲不存在。而其對生者所致之期望顧念祈盼之誠，則使其立卽離于幽而入于明，而不安于其將對人之不存在之表現。至生者之受其感動，則爲生者之出于明而入于幽，以感受死者之精神，以實見死者之精神，未嘗不洋洋乎如在其上，如在其左右，而存于明。知此可以通幽明之際，知死生之說。而所以通幽明知生死之道，則莫大乎祭祀之禮樂。禮樂亡而幽明之道隔，死生之路斷，形上形下之交，天人之際，乃未有能一之者，而人道亦幾乎窮矣。

(四)鬼神之狀與情

世俗之爲學者曰：死者不可知。遂任死生路斷，幽明道隔，而聊欣樂于人生之所遇，宗教哲學家形上學家之措思于此者，恒謂死者之靈魂自存于形上之世界，或上帝之懷，或住煉獄以待耶穌之再來，或由輪迴以化爲他生。是皆各可持之有故，言之成理。然其爲是爲非，皆非吾今所欲論。吾亦嘗對此措思，而亦不反對人之對此之措思。然吾今所欲論者，卽凡人之只作此類之措思者，皆一往以知求不可知，而化鬼神之狀，爲知識之對象，以成被知；終將不免陷吾人之明知，以入幽冥而不返；此非所以敬鬼神而成人生之大道也。凡爲此類之說者，皆不知凡只爲知識之對象者，皆在能知之心之下，無一能成爲我們之所敬；而人之念死者之遺志，與未了之願而受感動者，皆覺死者之精神，如在其上，如在左右，以感動我，我乃初爲被動。必俟我受感動後，而再致我之誠敬于死者，我乃爲主動。故我必先覺死者之如出于幽以入于明，而後乃有我之明之入于幽，以爲回應，而成其互相之感格。此非視鬼神爲被知之對象，陷吾人之明知以入幽冥而不返之說也。故鬼神之狀，非吾今所欲論者也。

鬼神之狀，固非吾今所論。然吾人如眞識得人生乃以其身體之漸趨于不存在，以成其生活與精神之存在，又知人之將死者恆致其顧念祈盼之誠，而有寄望于生者之深情厚意，吾人又能以吾之深情厚意與誠敬之心，及祭祀之禮樂，以與之相接；則人死之後，非一無復餘，人之鬼神爲必有，人皆可內證而自明。世間焉有本以身體之趨于不存在，以成其爲存在之「精神」，本不限于其現實生命之存在之「精神」，乃隨其身體與現實生命之不呈於人前，而卽不存在乎？知其存在，而欲使之呈于人前，則唯賴人之通幽明以其道。不得其道，而謂其不存在，亦如囚于監獄中之人，不得其門而出，遂謂廣宇悠宙皆不存在之類耳。然此道亦無他，卽直下斷絕一切世俗之思慮推測與想像，唯以吾之超越吾個人之誠敬之心與深情厚意，以與死者之精神直求相接而已。心誠求之，誠則靈矣。

今鬼神之狀，非吾所欲論。然鬼神之情，則我果以情與之相遇，則可得而言。人之鬼神，「人」之鬼神也。人于生前之所念者，乃其家庭、其鄉土、其國家、其所生活之此自然世界、社會人文世界。彼以此而生、而死，而寄望于後死者。則謂其一死化爲鬼神，卽奔另一不可知之世界，以絕此塵世而不返，而對此世界，一無餘情；則我果有情，實未之敢信。吾意人死後不斷滅，而由輪迴以轉他生，皆理所可有。然此所轉之他生，亦不過其精神自體之另一表現，其有此另一表現，仍不能忘其在此塵世之此表現，卽不能絕此塵世而無餘情。果其非絕此塵世而無餘情也，此餘情必仍顧念此世間及其家，及其鄉土，及其國家，及其所嘗寄望之一切世間人。吾何以知其然也？吾非以其死與鬼神之狀，而知其然也。吾以其生時之情，而知其然也。彼臨終諄諄敎子之父母，臨危而殷殷付託之志士仁人，其對世間之深情厚意，卽依于其預知其將死而發，以洋溢于其死之外，以顧念人間，吾是以知其死後而尚在，其情之必繼之而洋溢，以顧念人間也。是以祖宗父母之亡，其情必長顧念其子孫；德澤鄉土者，其情必長顧念鄉土；忠臣烈士、志士仁人爲國家人類，而以身殉道者，其情卽長顧念此國家、此人類。凡人之情，其生前之所顧念者大，其爲情也深，則其爲鬼神也，其情之所顧念者亦大，其爲情也亦深。故一家之慈父慈母，其情或只限于一家。一鄉之善士，其情或只限于一鄉。而文天祥史可法，卽其情長在中華。孔子、釋迦、耶穌，則情在天下萬世。而其鬼神之爲德也亦然。故孝子賢孫，以其誠敬，祭其祖宗，則其祖宗之鬼神之情得其寄；一鄉之人，以其誠敬，祭其鄉賢，則鄉賢之鬼神之情得其寄；一國之人，以其誠敬，祭其忠臣烈士，則忠臣烈士之鬼神之情得其寄；天下之人，以其誠敬，祭仁心悲願及千萬世之聖賢，則聖賢之鬼神之情得其寄。而凡一家之人、一鄉之人、一國之人、天下之人，一切足以直接間接上應合于死者生前之所願望者，亦皆足以成死者之志，而遂死者之情，足以慰其在天之靈。是皆非徒文學上渲染及姑爲之說之辭，實皆爲徹通幽明死生之道路之實理與實事，而爲吾人之直下依吾之性，順吾之情之所知，而可深信不疑者也。

(五)心之直接相感與古今旦暮

世俗之爲說者曰，今昔異世，人我異心，古人往矣，來者方來。史可法在明，文天祥在宋，孔子生于二千五百年前。吾之祖宗之遙遠者，亦距吾之生，不知若干世矣。彼等相貌之何若，吾且不知，彼等又何能知千秋萬世之後，有如我者之體其遺志，而上慰其在天之靈者？曰，是不然。人之相知，貴相知心。人之相感。貴以心相感。吾人可試思，今有人焉，苦心孤詣，成書一卷，印佈人間，擧世無知，乃遁世居鄉，悠然獨處。忽得電報傳書，謂有萬里之外，一讀書遙寄仰慕之忱，于是欣然興感。吾人試思，吾果身當此際，于此讀者之一切，果何所知？此實一無所知。吾所知者，唯在萬里之外，有此一心與吾相印而已。今又有人焉，老病垂死，有子在他鄉，而無膝下孫。忽來信告生孫，遂扶病而起，竟忘其老。吾人又可問，在此老病垂死之人，于其孫之狀又何所知？此所知亦只他鄉有此一孫而已。吾人再思，晨起閱報，忽聞中華大旱，死者千萬人，吾必惄然以憂。然吾于此千萬人，又果何所知，吾所知者唯死者皆吾同胞而已。是見人心之所通與所感，本不限于一一皆知其爲誰爲誰。只知其爲人焉，人而有心焉，斯已可爲吾之一心之所顧念，而爲吾之一心所感所通者矣。故吾之不見古人，古人之不見我，無傷也。我之不見古人，而我之體古人之遺志，而求有以遂之，則我爲讀者，而馳書萬里，以慰上述之舉世無知之著者之類也。古人不見我，而我向之致其懷念與誠敬，卽足以慰其在天之靈者，則古人爲著者，得萬里外之知音而興感之類也。知萬里之非遙，則知千秋萬世之非遠。千載而一遇，猶旦暮遇之也。試思今又有人焉，兒時嘗欲登隔江之高山，朝思暮想，阻于父命，竟不得往。及長，遨游世界，身歷異地，乘飛機重返家園，不意飛機誤降于高山之上，乃安然無恙。于是頓憶數十年前兒時之渴望，而此一久已埋藏心底之心願，遂豁然開朗，不期而遂，宛若猶在兒時，而前塵若夢，蓋其數十年中，形骸更易，面目全非，自其身體之物質而觀，早已非其故我矣。是知心願所存，不關今昔之異；今酬昔願，昔證今情。昔願在昔，超乎昔以至今；今酬在今，亦超乎今以至昔。所超者大，而願之所至者遠；願之所至者遠，而所以酬其願者宏。故願在一身者，凡一身之所爲，皆所以酬一身之願；願在一家者，凡一家之人之所爲，皆所以酬其一家之願；願在鄉土國家與天下萬世者，則凡鄉土國家與天下萬世之人之所爲，皆所以酬其鄉土國家與天下萬世之願。是見人之所願者，所超溢于其一身之事者大，則其願之所至者遠，而足以酬其願者宏也。而凡人之超溢于其一身之願，皆自始不以身存而存，亦不以身亡而亡。古今之忠烈聖賢之願，皆長存天壤。而吾對之致其懷念誠敬，與吾之所行所爲，足以副其所望與所願者，皆直接慰其在天之靈之所爲，而今古無間者也。謂之旦暮，猶病其言之過遠。何千秋萬世之足云？

(六)盡己心、盡他心、與天心天理

世之爲說者又曰，吾人之所以居仁由義，孝于家而忠于國者，皆所以自盡其心，而非有他求，亦非必爲副古人之所望也。吾人之所以愼終追遠，致祭于祖宗忠烈聖賢，亦所以表其不忘之意，自盡其心而已。古人望我，我當如是；古人未嘗望我，我亦當如是。祖宗忠烈聖賢之英靈在，我當如是；不在，我亦當事死如事生，事亡如事存也。由此言之，則自盡其心之意，切于己；而上酬恩德之意，濫于外。曷不只言自盡其心爲愈乎？

答曰：斯言是也，盡美矣，而未盡善也。人居仁由義，皆直接所以自盡其心，固矣。然吾人之所以自盡其心者，亦皆未嘗不可兼盡他心也；而我之兼以盡他心爲心，亦我之所以自盡其心之事也。充自盡其心之量，則求盡天下萬世人之心，正所以大此自盡其心之事者也。是自盡其心之事，不得與盡他心爲對者也。童子讀書，自盡其好學之心而已。然父母兄姊在旁，欣然相顧，則童子之讀書，匪特自盡其心之事；父母兄姊之所望于其子其弟者，亦聞其琅琅誦讀之聲，而兼以得其所願所望，而得盡矣。至彼爲子弟者，初爲自盡其好學之心以讀書固佳。然當其回頭見其父母兄姊，聞其讀書聲，而欣然相顧；遂感刻于懷，知不讀書無以副其賢父兄之望，乃益自淬厲，更發憤攻讀，以期爲賢子弟。此其所以期爲賢子弟，以酬賢父兄之望之事，仍不外其所以自盡其心而已。然其所以自盡之心者，不亦大于其初之只自盡其一人之好學之心，而其爲子弟之德，又不亦尤高乎？然則謂吾之居仁由義，皆兼所以上慰古先之祖宗忠烈聖賢之靈，亦正所以大吾之自盡其心之量，以兼盡古先之祖宗忠烈聖賢之心爲心，而高吾之所以爲後人之德者。是又何傷于自盡其心、反求諸己之敎乎？

至于謂吾人不問祖宗忠烈聖賢之英靈之是否尙在，吾皆當自盡其心，以致其懷念誠敬之意，則似是而實非。蓋吾人須問：此懷念誠敬之意，果有所向乎？抑無所向乎？若其果無所向也，則此懷念誠敬之意，乃直向幽冥而沉，對虛無而陷，何懷念誠敬之足云？如其有所向，而所向者唯是吾人主觀虛擬之想像中之印象，或記憶中之觀念，則須知印象觀念之生起，如夢中之虛影，此虛影亦不堪爲人之致其懷念誠敬之意之所向也。懷念誠敬之意者，肫肫懇懇之眞情也。眞情必不寄于虛，而必向乎實，必不浮散以止于抽象之觀念印象，而必凝聚以着乎具體之存在。旣着之，則懷念誠敬之意，得此所對，而不忍相離。事死如事生，事亡如事存者，「如」非虛擬之詞，乃實況之語。言必以同于待生者存者之情，以與死者亡者相遇，乃足以成祭祀之誠敬之謂也。彼死者亡者之死而未嘗不生、亡而未嘗不存，乃在其精神而不在身體。身體亡而精神昭垂于後世，英靈永在于千古，此理乃吾人上所已言。而人之所以與之相遇，除肫肫懇懇之眞情外，不容人視之作一般之理智與感覺可把握之現實存在物想。然人心之一固習，惟于理智思慮與感覺之所把握者，乃謂之爲實存。于一般理智感覺之把握所不及者，則如捕風捉水之不得，遂以爲虛而無實。不知于一般理智感覺之爲虛而無實者，由至情以彰至理，則更見其大實。然此要須人先盡去其以理智感覺以把握一切之習，而後可。此正如以手捕風捉水者，風愈捕而愈遠，水愈捉而愈流。風水非不實也，止其捕，止其捉，而任風吹于面，水撲于懷，則知撓萬物莫疾乎風，澤萬物者莫潤乎水。聖賢忠烈之精神與英靈，皆先生之風，若山高而水長。風之所化，流之所澤，匪特形於可見之文敎，亦洋洋乎鬼神之爲德，視之而不見，聽之而不聞，又體物而不可遺，而只待人之相遇於旦暮。嗚呼至矣。

吾人如知吾人自盡其心之事，可兼盡他心，則知吾之居仁由義，乃既自盡我心，亦上酬千百世與東西南北海之聖賢之心，以及古往今來一切人之樂交天下之善士之心。聖賢之心願無疆，一切人之樂交天下善士之心願亦無疆。無疆則無所不覆，無所不載，無所不貫，而凡我之生心動念，眞足以自盡我心，亦同時兼盡聖賢之心與一切人之心，心光相照，往古來今，上下四方，渾成一片，更無人我內外之隔。肫肫其仁，淵淵其淵，浩浩其天。是見天心，是見天理。又何有死生幽明異路之足言？死生皆一大明之終始，豈有他哉。

惟此所言，雖皆未嘗溢出由知生以知死之一步，然已洩漏過多，未免張皇。吾爲此懼。善讀者能信則信，不信則疑。終則悟者同悟，迷者暫迷，如曰不然，請俟來哲。是非口舌之所能爭者也。至於依行求證之道，則自復祭禮存祭義始。

四十七年二月十日

第六篇：人生之虛妄與眞實

（一）思想上之錯誤之根原

我們都是人。但我們大都皆非眞實存在的人。人並非一經存在，卽已爲一眞實的存在。人之存在中，實夾雜無數虛妄或虛幻的成份。人要成爲一眞實的存在，須經過一眞實化之歷程。此眞實化的歷程，有種種次第。一一經過去，是萬分艱難的。此篇題名人生之虛妄與眞實，實卽論人生之如何去除其存在中所包涵之虛妄的成份，以成就人生之眞實化。

我們說，人存在並非卽是一眞實的存在，首因我們不能把人之存在，只視作一自然的存在。人亦不只是一歷史上的存在。對自然的存在，我們或可以說，只要它存在，它便是一眞實的存在，其內部可不涵虛妄或虛幻的成份。山存在，山便眞實的存在。水存在，水便眞實的存在。以至草長花開，鳥飛獸走，都可說是旣如此存在了，便眞實的如此存在了。而且亦可說，在宇宙的歷史中，曾有如此如此之山水花草鳥獸之存在了。但是我們却不能說，人存在了，人之活動存在了，便如自然物一般，成爲一眞實之存在。我們亦不能只就歷史的眼光去說：只要有某一人及其活動存在過，在宇宙與人類歷史中，總是曾有某人與某某活動存在過，因而人之存在，人之活動，無有不是眞實的。

人與其活動之所以不能說一存在卽爲眞實存在，是因人之存在與其活動之內部，可涵有虛妄或虛幻之成份。此最直接的理由，是人有思想。人有思想，是人的尊嚴的根原，但同時亦是人之存在中有虛妄或虛幻成份的根原。大家都知道，人因有思想，故可了解自然界與人類社會中的眞理。但是亦因人有思想，于是人有思想之錯誤。人有思想之錯誤時，人可以把花視爲草，鳥視爲獸，這卽是把存在的視爲不存在，不存在的視爲存在。在此須知，我們不僅是把不存在者，加于客觀存在者之上，而淆亂了客觀的存在；而是我們之思想本身中，包含了錯誤。當我們思想中包含錯誤時，似乎我們可說此錯誤的思想，仍是存在的，因此錯誤的思想，至少是存在於我個人之思想史中。但這種說法，是在我有了錯誤的思想之後，再立於此錯誤的思想之外，以回溯此錯誤的思想，而視此思想爲一歷史上的存在的話，而不是直就此錯誤的思想之本身，來看此錯誤的思想的話。我們如果轉回頭來，直就錯誤的思想本身，來看此錯誤的思想，我們仍必須就其包含錯誤，而說其中有一虛妄或虛幻的成份。

錯誤的思想之本身，所以包含虛妄或虛幻的成份，是因錯誤的思想，並不能自保持其自己之存在，其一度存在，乃向其以後之不再存在而趨。當我們自覺一思想錯誤時，我們乃先自覺其存在，而繼自覺其不當存在，求使之不存在；而以自覺其不再存在，完成我們最初之對其存在之自覺。因而此錯誤的思想，雖一度存在，而非眞實存在。其存在本身，卽涵一將不存在，可不存在之意義，亦卽涵一虛妄或虛幻之成份。這個道理，並不難理解。而涵虛妄成份的存在之通性，亦可由其存在而不能穩定，或其存在而將終歸于不再存在處說。

人有包含錯誤的思想，其中涵虛妄虛幻之成份，而思想是構成人之存在之一主要活動。此亦卽人之存在本身與人之活動中，可包涵虛妄或虛幻成份之一最直接的證明。此處我們萬不能由人之有錯誤的思想，是人之思想史中的事實，是一歷史上的存在，去否認人與其活動中，包涵虛妄或虛幻的成份。

我們不僅不能從人所有之一切活動，皆是歷史上的存在的觀點，去否定人之存在中之虛妄成份。而且我們還要說，人之存在中之所以有虛妄成份之根原，亦卽在人之存在之爲具歷史性的存在。人之爲具歷史性的存在，是人之尊嚴的根原，而亦是人之存在中含虛妄成份的根原。

何以人之爲具歷史性的存在，會成爲其存在含虛妄成份的根原？我們可說，人之思想所以會犯錯誤，卽由人之把其過去的生命歷史中，所經驗了解的東西，移用至現在。人以花爲草，卽由其生命歷史中，曾先見過草或想過草，遂移用其對草的觀念，以觀花。人以鳥爲獸，卽由其生命歷史中，先見過獸，或想過獸，遂移用其對獸之觀念以觀念。人如果無生命歷史，或有生命歷史而不能重視或自覺其生命歷史中之一切，則一切思想的錯誤，將不可能。人對一切當前所經驗者，便皆可如其所如而直覺之，另不加任何解釋。此中亦卽可無任何虛妄的成份。然而由人之爲歷史性的存在，而又能思想，則人不能莫有錯誤，而其存在中不能莫有虛妄的成份。

人之所以能把對過去經驗中的東西之觀念，移用來解釋現在所經驗，可說由于人之現在心，能把過去經驗中之觀念，自其原存在之系統中游離，而拉至現在；亦可說由於人過去心中之此觀念，自能自其原存在之系統中，超拔脫穎而出，以躍至現在。此同是根據於人之心靈與其觀念之具一內在的自己超越性。此超越性，是人之尊嚴的更深的根原之所在，但在此一意義中，亦是人之思想會錯誤，人之存在中會包含虛幻成份之根原所在。

(二) 謊言之根原與絕此根原之道

但是由人之思想上、知識上之錯誤，所展示出人之存在中之虛妄的成份，並不是人生求眞實化的主要障礙。人在此要忘掉此虛妄的成份之存在，是不難的。此首因人在思想錯誤，而未自覺其錯誤時，人不覺其思想中，有虛妄的成份。而在人旣覺其思想錯誤時，人必已接觸一使之自認錯誤的眞實。故人在此是才捨去一自覺爲錯的思想，立卽代以一自覺爲眞的思想，卽方使一思想在心靈中，由存在至不存在，卽同時接上另一存在的思想。此中，人之心靈遂永無落空之虞。所以人在求知識的歷程中，人雖然儘可不斷發現其原來的思想之錯誤與虛妄，然而人亦同時不斷有相繼的自認爲眞的思想之生出，而覺其思想之活動，與其人生之存在，仍步步落實，而可一無人生之虛幻感。

在此，人如果由此而想到，人之一切進一步的思想與知識，都同樣可錯誤時，人亦可能不去求進一步的思想知識，而卽以其已有的思想知識自足；或進而牢執其已有之思想知識，以致化之爲成見而不惜。如此，人仍可不覺其思想知識之有錯誤的可能，而如可當下安頓其人生之存在於所牢執之思想知識中，而另無由思想知識之錯誤而生出的任何人生之虛幻感。因而本文之論人生之存在中之虛妄成份，亦將不再自人之思想知識中，包含錯誤一方面去說，而將自人生之行爲實踐方面去說。

從人之行爲實踐方面說，我們說人生眞實化之首先的障礙，或人生之存在中所包含之第一個虛妄或虛幻之成份，卽人之會說誑。而人生要求眞實化第一步，卽當求不說誑，不妄語。此事似易而實難。這是因人之總會說誑，亦根於人能思想，人之爲具歷史性的存在及人之具內在的超越性；而與在一般求知識上的眞理之思想歷程中，人之總會犯錯誤，有類似的理由。然二者之情形，又各不相同。

人之說誑、與人之求眞理之思想歷程中犯錯誤二者之情形之不同在於：犯思想上的錯誤，而此思想尚未被自覺爲錯誤時，此思想只對其外面之存在事物爲不眞實的。然此時自人之思想之內部看，我們可並不覺其不眞實。而我們在說誑時，則我明知此誑言是誑言，而不合乎存在的事實的。此時我是先在我內部，自覺此誑言之不眞實。而我之說出一誑言，卽似由我之內部，迸發出一不眞實，而同時要求人之視爲眞實。說謊是由我有意的製造一不眞實，而要使之對他人爲眞實，以代替他人原來所能認識的眞實。這與我們有意求眞理，而無意犯思想錯誤，致不合眞實時之情形，全然不同。說謊是一要掩蔽眞實，而使人之求知眞實爲不可能的企圖。此正是直接壓下他人之求知眞實之要求，以爲其反對者。而謊話之引生謊話以維護其自己，而可成爲無定限的相連之謊話串系，則由于人之要想一手掩盡天下目，而壓下他人之求知其他眞實之要求。故充人之說謊的心情之量，卽成爲人之企圖佈下一滿天雲霧，以覆蓋全部眞實之世界，而把我心之所知，與人之心之所知，全部隔開之一大魔掌。而人在任一些微之說謊中，實卽皆有此大魔掌之一爪一毛，從人之心底透露。但此謊言之爲不眞實，在其發出時，已可爲人所自覺的了解，而人偏會說謊，何故？

我們通常說，人之說謊，總是爲若干事恐他人知之，而不便我之私下進行，或欲由說謊以欺騙他人，使他人能帮助我或不妨害我之私的目的之達到。卽人之說謊，總是爲人之求滿足其私欲私心。至于不爲滿足其私心和私欲之說謊，如爲安慰病人，而說其必可痊愈；爲免匪徒傷害朋友，而說朋友不在；爲國家而作假宣傳，充當間諜等，則不算說謊。因其目標並不直接在掩蓋眞實，亦非如一般之說謊之爲不道德之行爲。但是只以人之私欲私心，解釋人之所以會說謊，却尚非透入人心深處去了解說謊之根原的話。要眞正了解人能說謊之根原，我們當說，此仍在人之能思想、人之爲具歷史性的存在，及人之具內在的超越性。

將人說謊時所用的語言，分開來看，皆是人曾在其生命歷史中，曾說過或聽過而能說的語言。這些語言，依我過去經驗，我知道可引起人之某一些觀念，以相信某一些事實存在，並使他人亦引起某一些行爲，或某一些其他語言；而我今日又希望他人於此時有某一些觀念，以相信某事實存在，並發生某一些行爲或語言，以助於我之目標之達到；於是我說謊。此是人之所以說謊之一般的心理背景。但在此中，我們試想，如果我莫有思想能力，莫有一對語言的效用之這些了解，莫有將我過去經驗歷史中，自知曾說能說的話，由其原來所在之經驗系統，游離超拔以移用於今的能力，我們之說謊，明是不可能的。但我們如果眞了解人之能說謊之根原，乃依於人之內在的超越性，而將過去已用或能用之語言，移用於今日；便知人之說謊，尙可有一種情形：卽一種根本無任何爲私、或爲公的目的之說謊，亦卽並不爲引動他人相信某事實之存在之說謊，而只是一種隨意的播弄舊日之語言，以引動自己與他人之觀念，去掩蔽眞實之說謊。

此類說謊之所以存在，唯原於人曾說的話，依於人之內在的超越性，本來會自其原所在之經驗系統，自己游離超拔，以跑出來，在當下之心靈中及口邊編造，以製成明知不合事實的謊言，在眞實事物之前撒下雲霧，而此時我們卽可有一滿足。此滿足，有時是一種覺我之語言有魔力，以控制他人之心的滿足。有時則可只是以此雲霧，把人之世界隔開，而使我之世界，在雲霧前得一保護的滿足。又有時則只是一種自己完成了語言編造之事的滿足。在最後一種情形下，此語言編造，可不爲欺人，亦可使自己信以爲眞，以成自欺，如形成一白日的夢。而我們能了解此類謊言之性質，便知人之作夢本身——人之任過去不同時所經驗之境象之遺跡，在夢中再自動冒起，交錯編織，以成一心靈之前的帳幕上之所見——與人之說謊，亦出於一根。從此處說，除非人能如孔子之夢周公，而以醒時之理想，主宰其夢境，則人之說謊之可能，亦卽未能根絕　此方見人要成為全無一語謊言，而絕去謊言之根原之不易。

人如何才能絕去一切謊言之根原？如要從最勝義說，則人必須作到：其一切言語，皆當機而發，一發卽過而不留，其遺跡卽若如如不動；非經以後之心靈，依清明之自覺，重加反省運用，卽不再無端自動冒起，自其原在之經驗系統中，游離超拔而出；然後可。此境界自非人所易達。然欲達此境界之工夫之下手處，則仍不外使吾人當下日常生活中之語言，能處處一面直對我所知之眞實，一面直向他人之心而說，同時另無除使他人了解眞實以外之目的。此之謂言忠信。我此時可既不望他人只記取我語；而我亦知我之語言之眞實存在，唯在當下；如以後不再對同一眞實，則於同一語言，我亦可生生世世，永不再用。於是我在當下之發出此語言，卽可才發卽止，過而不留。而此處卽有人之心靈之眞實的內在超越性之直接表現。而上文所說之依於人之內在超越性而有之思想上之錯誤與謊言等，則只是此內在超越性與人之過去觀念及已用語言，相夾雜牽纏而有之非眞實的間接表現。此工夫之意義所在，亦卽以人之內在超越性之直接表現，代其間接表現而已。

我們通常說，說謊的人是一不誠實的人。但照我們的說法，則說謊的人，同時是未眞實存在的人。因我說謊而欺騙他人時，我同時可自知我所說之話不合眞實，而却常要望他人信為眞實，則我所說之話，一方為掩蓋眞實，而隔開人之所知與我之所知的雲霧；同時亦為使我內心所知之眞實，不能表現於言語，以透到他人之心去者。於是我之謊言，同時把我內心所知之眞實，加以幽囚，亦把我此內心本身，加以幽囚者。然我又知此幽囚，由我自己之謊言造成。我亦知此謊言以外之眞實與他人之心之存在，而我又存在於我之此知中。則我之存在，卽又超出此謊言之外。合而言之，卽見我之存在，一方被幽囚於此謊言之內，一方又存在於此謊言之外；而我之謊言，則如夾在我之存在本身之兩面中之一肉刺。因而我必求拔出之，使之不存在，而後有我之眞實存在。而我欲求我之眞實存在，必求不說謊之義，亦可由是而了解。

(三) 行爲之合理與人生之眞實化

我們說，不說謊是人生之眞實化的第一步。此卽中國先哲所謂立誠之教之第一步。此只是關於人之言語者。人生之眞實化之第二步之事，是關於人其他行爲者。人其他行爲要能眞實化，首先要其行爲皆成合理的。什麼行爲是合理的？我們可說，凡不違背於所知之自然的規律，而他人與我可同樣遵行者皆是。這個道理，本是卑無高論，乃人人所極易明白者。如我們只有一步一步走，才能到山崗，遂一步一步走到山崗。此便是不違背所知之自然規律者。我對人守信，人亦可對我守信，此守信，乃人與我所可同遵行者。此亦是合理者。此類之例，不勝枚舉。我們說一切幻想與由之而生之行爲，都是違背於我所知之自然規律者；一切不合恕道的行爲，都是我不願他人同樣遵行者。如我說謊欺人，不願他人說謊欺我，我罵人而不願人罵我。便見說謊罵人之行爲，不是合理者。但是人在實際生活中，卻常想突破合理的範圍。人可想一步卽到山崗，人亦可有種種不合恕道的行爲。人之想一步到山崗，我們說是一幻想。此幻想，乃生於我們之想掩蓋抹殺我所知的：關於我之生理與外界的地理之諸自然的事實與規律的存在。此幻想之會生起，與我們之有隨意的播弄舊日的語言之說謊，亦可說是同一根源。不過，此不是由我們之將過去之生命歷史中之觀念與言語，自其原來所在之經驗系統，游離超拔而造成；乃是把我現在之一步，自應當有的第二步，游離脫開，與到山崗之目標，直下連繫而成。至於我之一般的不合恕道的行爲之生起，則與我們之說謊而志在欺人時，同原於我之待他人與自己之不一樣。不過在說謊而志在欺人時，我要使我所知爲眞者，不爲他人所知；而在我之不合恕道之行爲中，則他人行之，我立卽會說之爲不好者，而我若行之，却不許他人說爲不好而已。

我們說一切違背所知之自然規律的幻想，及緣此幻想而生之行爲與不合恕道之行爲，乃人生之眞實化的障礙。此與我們之謂說謊之事，是人生之眞實化的障礙，都不是說其從不曾存在過；而是說其存在自身，卽涵有一內在的虛妄性或虛幻性。其存在並非爲必須，而且是人在其存在之後，卽要求它由存在而成爲不存在的。且必須它們之由存在而不再存在，然後人生之自身乃能眞實化。其存在之所以並非必須，是因於其存在時，我們卽可同時見到其與我們所知之合理者相矛盾。此合理者爲我們之所知，我卽存在於此「知」中，同時亦卽存在於此合理者中。而我又兼存在於違背此合理者之幻想及行爲中。此中卽有我之存在自身中的矛盾，以使我之存在自身開出一裂縫，遂使我之存在本身內部，涵有空虛而非充實，左右搖擺而不能穩定。要穩定充實，只有去掉此相矛盾者之一。然而我要不顧我所知之合理的自然規律，以退縮於我之不合理之幻想之中，是不可能的。因爲知此合理之自然規律之知，在我之違背此合理者之幻想之外之上。我可以幻想一步到山崗，但我知道必須有後來諸步，乃能到山崗。幻想的我，固亦是我。但依自然規律之知，而知道憑此幻想不能使我到山崗，必須有後來諸步，乃能到山崗的「我」，是超出於此幻想的我之上，以判斷此幻想爲幻，而要撤消此幻想之存在的我。在此，幻想的我，是無法與超越其上之我，對等抗衡的。因而此矛盾要撤消，只能先撤消此幻想之存在。其次，我固可以有不合恕道的行爲，但我知道此行爲不合恕道。發出不合恕道之行爲者，固亦是我。但求合恕道的「我」，是超越於此行爲之上，且能以恕道爲標準，以判斷此我。此以恕道爲標準作判斷的我，亦是兼通人心與我心的我，兼通於我之過去與將來及我之現在的我。而發出不合恕道的行爲的我，只能是一現在的我。我過去說他人不守信，是不好，而我現在如不守信，則縱然對我之現在，可生一直接的好處，但是我「知」道：他人此時亦會說我之不守信是不好。我亦「知」我之過去之我與未來之我，同可以我之不守信爲不好。此「知」，兼通於他人之我及過去之我，將來之我，而現在能有此「知」之「我」，即在此現在之不守信的我之上。此不守信的我，只能在其下，仍是無法與此在其上之我，對等抗衡的。他永無力量去撤消此在其上之我，至多只能掩蔽之，使暫不出現。然他以後仍可出現。則其不出現，並不能解決問題，而使此不守信的我，安穩存在。因其一出現，此不守信的我之存在，即發生動搖。而此問題之唯一的解決法，便只有是依合理的恕道，以求守信的我之存在，以撤消此不守恕道而不守信的我之存在。

人眞能處處使其行爲活動，都能合理，以橫通人與我之心，而無障無礙，縱通我之過去現在與未來，而無慚無悔；則人之人格，已可以爲貞定之典型，而卓立於天地之間。然此仍可只爲成己之事，而未必即能及於成物。則人生尙未能完成其最高之眞實化。

(四)成物與成己

人之人格之成就，必由成己以成物。此乃古今中外聖哲之公言。然人何以要成物？此不能就為自己謀利益而說，亦不必直就上帝之誡命而說。以至只說人理當求成己兼成物，於義亦有所憾。此宜兼就人如不成物，則人生自己之存在中，亦卽有虛幻不實之成份來說。

人之所以不能只成己而不成物，此乃因人之眞己，永不能眞以他人為外，萬物為外。人之心靈之本性，原為四門洞達，以容他人與他物之出入往來，而原能對其疾痛憂患，無不感者。我們固可姑在我自己與他人之間，劃出一界限，謂界限內者為己，界限外者為人。我可超越界限內者，達於界限外而知有人；亦可超越界限外者，以回到界限內，而唯知有己，又化此己為一絕對無外，而唯知此一己，似亦未嘗不可。然此中實有一根本問題，卽最初劃此界限為誰是也。此最初劃界限者，仍當為我之自己，然此自己之初劃此界限，卽證其原在此界限之上，同時看見界限之內與外，而此眞能同時看見界限之內與外之「己」，卽為一兼涵內外人己的我之心靈之本性，而於此「己」，此心靈之本性，則永不能只置之於其所劃之界限內。此己必為自居界限之上以兼關懷內外之人己，而求其兼成者。夫然，故人皆飢而我獨飽，人皆寒而我獨暖，人皆在憂患而我獨安樂，人皆愚昧我獨智慧，及人皆為不德之小人，我獨為有德之君子，卽必然為此心靈之本性之所不忍者；此無他故，卽我之心靈之本性，原能同時看見我所自劃之人我之界限之內與外而已。從此心靈之本性上立根，則「禹思天下有溺者，猶己溺之也；稷思天下有飢者，猶己飢之也。」「伊尹思天下之民有不被堯舜之澤者，若己推而內之溝中。」此不特聖賢惟然，吾人心靈之本性，一朝昭露，亦無時而不然也。而當其如此如此其然也，則人之見他人之飢寒、憂患、愚昧、與不德，人亦將直感其心靈之本性之有所不伸，其自己之存在之有所缺漏，而有虛幻不實之感焉。由此而我欲求我之人生之眞實化，卽於理於勢，皆不能不求成己兼成物。而一切客觀的道德實踐與成就社會人文，治國平天下之事業，皆所以成就我之人生之眞實化者，於是乎可說。但關於此義，昔賢及吾人前所說者已多。可不復贅。

(五)「死」在目前之義，與人生遺憾之化除如何可能

我們求人生之眞實化之第四步之事，是將「死」放在目前。是卽孔子所以言「朝聞道，夕死可矣」，孟子所謂「志士不忘在溝壑，勇士不忘喪其元」之意。然一般人恒只求生而忘其有死，此固有其所以如此之故。但最眞實之人生，仍須將其「必有死」之事，時時放在目前，而此亦爲西哲杞克伽、海德格之所論。何以人生須將死放在目前？因一切存在中，只有人類乃眞知其有死。上帝仙佛與天使，皆不死，禽獸草木，有生必有死。而不知其有死。惟人獨有死，且知其將死與必死。死爲人生之大限。然此人生之大限，實隨時可以來臨。天災、人禍、憂患、疾病，固無時不可使人死，人亦隨時可無疾而終。人又爲一切存在中獨能自殺之動物。吾人皆不能預斷吾將來不謀自殺之念，而此念之何時來臨，亦非吾人今之所知。則吾人之生也，實生於隨時可能有之死之旁。然此理，則恒爲人所昧，此究爲當耶或否耶？

在昔之哲人中，多有謂吾人只當思維生而不當思維死者，此言自另有其甚深之義。然果死爲人生必至必遇之一事，則吾人實不能置死於不顧，以掩蓋眞實之人生所必至必遇之一事。而人之能常置死於目前，在未死之時先期迎接死，而置「死」於有生之中，正人之所以得超死而永生之一道也。

溯人之所以能自知其有死，其根原亦在人心之具內在的超越性。唯其具內在的超越性，故能超出我之現在，以觀我之過去，以想像我之未來，與其未來之所必有必至之死。然如實言之，我心靈之有死，實爲不可想像者。而可想像者，唯我之肉軀之將停止呼吸與活動，以及其將腐爛而化爲土壤等。然我之能想像此等等，唯以我之設定此能想像之心靈之尙存。至於我欲想像我心靈之死，則須設定「能想像此心靈之死」之另一心靈，位于此心靈之上。此中所想像之心靈可死，而能作如此想像之心靈之如何可死，仍不能在吾人之想像中。而尅就心靈之爲一生生不已之昭明靈覺言，彼乃常爲主而不爲客，卽永不能化爲所想像之對象者。吾人若只反觀此「常爲主而不爲客」之生生不已之昭明靈覺，則吾只知其動而愈出，實不知何處是其限極，與如何死法。而吾人之說此心靈有死，惟由吾人之將此心靈混同於肉軀，此又原于吾人之本此心靈之超越性，而忘其自身之存在之別於身軀，而後有此一混同。反之，若吾人一本此超越性，以超越於肉軀，而又自覺其超越性，則又立卽自知其不同於肉軀之有限極，亦卽自知其無限極，而無據以說其同於肉軀之有死，於是哲人中乃又有專從此心靈之不能有死，以寄其求不死與永生之望，而掩蓋此死之問題者。

然實則此死之問題，尙不能由此以被掩蓋。因吾人之心靈之自身，固可無所謂死，此乃人之心靈回頭而專自其超越性上措思時之所能知。然此尙不能掩蓋人之心靈之同時關心其身體之死之問題。人之心靈何以必關心其身體之死之問題？此乃由人之心靈在其現實的存在上，乃恒是懷抱種種目的、理想、志願，欲憑藉吾人之身體之動作，加以實現於客觀世界者。吾人之身體若死，則吾將若無由得其憑藉，以實現吾心靈之目的、理想、志願於客觀世界。而使此目的等獲得其眞實存在意義，因而亦若卽不能使吾懷此目的等之人生與心靈，獲得其眞實存在性。此蓋卽身體之死之所以爲吾人所關心之故、而死之可悲可怖之故，亦似卽在於此。吾旣知死爲可悲可怖，而吾又知吾之隨時可死，亦終不免於一死，此卽成吾之人生內部之大矛盾，此矛盾當由何解決？

欲解決此問題，須先知吾人之志願有二種。一爲直接自吾人之超越的心靈之本性發出之無盡的成己兼成物之涵蓋的志願。此志願乃歷萬世而不能了。吾之身縱長生不死，亦求不能了者。然此志願，非我一人之私願，而是天下人所能同有之公願。因而當吾眞有此志願之時，吾之心靈卽通於天下人之公願，以與之結爲一體，以共求實現之。吾知吾一人之長生不死，亦並非卽能了此志願，則依此志願，亦卽不必須求我一人之長生不死；又我身雖死，而可寄望於後死者，則我身之死對此志願言，卽非必爲可悲可怖。其另一種志願，則爲吾之心靈直接望吾之身體，就其力之所及，以作其理當由吾而作之事之個人的志願。在此，吾人通常乃視此身體爲工具，以達吾之志願中之目的理想。因而吾之目的理想一日未達，吾便自然欲繼續執着此工具，而不忍捨離。於是其求達志願之事，遂亦非隨時可了者。此方爲人之所以視死爲可悲可怖，而通常人之死，恒不免抱遺憾而死，以使其一生之人生存在中，涵缺漏而去之故。唯在此種志願前，如何能使吾人求達志願之事，成爲隨時可了，而能不畏死，方爲吾人之問題之核心之所在。

此處吾人欲使吾之達志願之事，成爲隨時可了者，只有一條道路。卽吾不能只將心靈中之目的理想，虛冒而出，而只視吾之身體之活動爲工具，以求達成。因身體如只爲工具，則目的理想未達，吾必執着此工具，不忍捨離。而此時吾人心靈之目的理想之虛冒而出，固亦昭懸於此身之上；而此心靈對身體之執着，實卽已使其自己陷落於身體之中。於是吾念此身體之不存，卽如將使此心靈與其所懷之目的理想，如游魂之失寄，其死遂不能無憾。而此中之旋乾轉坤之修養工夫，則在不視身體爲心靈達其目的理想之工具，而將其一切目的理想，收歸心靈自身，以下與身體之行為相呼應，如古人所謂「心要在腔子裡」，以使此身體非其所執着之工具，只為一直接表現其心靈活動之一時之憑藉，如彈奏心靈樂曲之樂器。若然，則此樂器，經一番彈奏，自有一番樂曲之聲。若不彈奏，則樂曲與樂器，可同歸於寂。若人亡琴破，則樂曲自在天壤，另有他琴彈奏。此中便使心身兩無遺憾。吾今為此言，即以喻人在生前，如要眞能時時可死，而無所謂未完之願，以使人生帶缺漏而去，即當使人之心靈與身體之關係，如一呼一應，能直下圓成者。呼是心願，應是身行。心所願者，直下只是此身之行，另無外在目的。則心身之關係，才呼即應，才應即止。處處道成肉身，處處肉身即道。肉身化往，此心此道，即合為神明，存於天壤，寄於他生。唯如此而後人能在有生之時，不捨肉身，而肉身亦隨時可死。而此中之要點，要在先不將此肉身作心靈所執之工具用，而只作心靈當下之表現之憑藉看。今之西方之存在主義者馬賽耳氏，嘗深論人之肉身不可作工具，而當使為道之所存之義。今因引申其旨，增以中國昔賢以樂曲喻精神之義，以論如何使人生隨時可死而無遺憾缺漏之道。然書不盡言，言不盡意，幸讀者垂察焉。

(六八) 對反面者之開朗之意義

人生之眞實化之第五步之事，為心靈對於一切人生之錯誤罪惡，他人與衆生之苦痛，及一切反價值、不合理想、不眞實，而涵虛妄虛幻的成份之存在，能開朗的加以認識、體驗、與承擔。人生之眞實化，固然重在嚮往正面之價值理想如眞美善等。但人心如不兼對反面的東西開朗，則其對正面的價值理想之嚮往中，同時亦有一種無明。現實的世界中，反面的東西之存在的數量，明多於正面的東西。在戰爭中，一將功成萬骨枯。在自然界中，千千萬萬的魚子，只有一二生存。在知識的世界中，每一眞理之旁，環繞無數可能的錯誤。自古及今，多少人眞能不抱恨而死？上下數千年，縱橫千萬里的人間，畢竟有幾個聖賢？我們一生的生心動念與言行，畢竟有多少是可以建諸天地而不悖，考諸三王而不謬，質諸鬼神而無疑，百世以俟聖人而不惑？從此看，一切人所嚮往的如日月之光的眞善美，在無盡的黑暗中，便都只是黯淡的疏星。在此處，佛家說世界是苦海茫茫，基督教之說人類有自太初以來傳下之原始罪惡，都有深切的眞理。這個世界中的事物，値得讚美的少，須要斥責的多；令人歡喜的少，令人慨嘆的多；能眞實存在、合理想、涵正價值，値得保存的少；不合理想、涵負價值、其存在中，包含虛幻虛妄的成份而將不存在，或當加以改變以使之不存在、或當超化其存在者多。因而人要求其人生之眞實化，亦無時能不與此一切不眞實的東西相遭遇。此一切不眞實的東西，都可成爲人生求眞實化的歷程步履中之險阻艱難。而對照此人生之求眞實化言，則其爲險阻艱難，正是最眞實的存在。在此，我們亦不能只本我心靈之超越性，去向上超越的看眞善美世界之自身，如柏拉圖及無數嚮往眞善美的哲人詩人之所爲，亦不能只是超越的靜觀此一切不眞實者之自己銷毀、自己否定、而自己超化，如黑格爾之哲學之所爲。因爲只有此向上看與靜觀，仍是使我之人生存在之求眞實化的要求，縮回於我自己之內，而我之心靈，實早已同時溢出於我自己之外，而知我以外之諸不眞實的東西之存在，因而亦不能不求此不眞實的東西之眞實化。求其眞實化，而我之力有所不及；則不眞實者，對我顯爲一眞實的險阻艱難。在此處，人亦卽無法只停下脚步，只超越的靜觀不眞實的東西之自己銷毀。人必須眞實的認識，我之與一切不眞實的東西相遭遇，皆是我自己求人生之眞實化的歷程步履中之一事，是我一不能不忍受的命運。由此而人生遂不僅須在生時，把死放在面前，且須在其求眞實化的歷程步履中，步步爲不眞實的東西之荆棘之所穿透。從此說，人生是必須包含痛苦的。愈求眞實化的人生的人，必然是愈痛苦的。衆生病、菩薩不能不病。耶穌、釋迦、孔子都不能不痛苦。誰知道一切聖賢的衣服與花冠，都是荆棘所編成？然而人只有在其身體感受痛苦時，然後人才眞想到其身體的自然生命之眞實存在。人亦必須在精神上感受一切不眞實的東西如荆棘之刺目刺心時，才能眞覺到其精神生命之眞實存在。至於如何由承擔痛苦而引發一公的志願之生起，則當如我們在本書第四篇立志之道及我與世界第十節之所說。

(七)內在的眞實存在之自覺

人生眞實化之第六步，是要由反面的東西之認識，再回頭認識：此反照出一切反面的東西之正面的東西之眞實存在。我們說人必須眞實的接觸遭遇一切不眞實東西之存在，而由此感受痛苦。然我們還復須知，能感受痛苦的我之精神生命之自體，我之心靈之自體，仍畢竟非痛苦，而超於痛苦之上。一切痛苦的根原，只由於我們之將自覺或不自覺的所肯定之正面的東西，與反面的東西相對照。反面的東西有多少，則我們所肯定之正面的東西有多少。人所見之罪惡黑暗有多少，人之拔除罪惡的精神願力，與能看黑暗的心之光明，亦有多少。如果此一切反面的東西，皆是宇宙的客觀存在，則此不斷走向反面的東西中，去認識、體驗、承擔一切反面的東西的我之精神生命、我之心靈、亦是一宇宙性的客觀存在。如前者無窮，後者亦同樣是無窮。在此，人終將了悟到其精神生命，原是一宇宙性的精神生命，其眞實心靈，原是一宇宙性的眞實心靈。誰使我對於其他人物的痛苦，感受痛苦？此只能是因我之生命與其他人物之生命，原是一個生命。

誰使我對其他人之罪惡感到刺心？只能是因我的心與其他人之心，原是一個心。誰使我在接觸遭遇許多存在的東西之不眞實的成份時，覺我亦如失去了一部的人生的眞實？只能是因我之存在與其他東西之存在，原是一個眞實存在。誰使我能繼續不斷無窮無盡的感受痛苦刺心之事？只能是因此眞實存在，原是一無窮無盡的眞實存在。然而人在感受痛苦刺心之事時，人如果眞能回頭認識此無窮無盡的眞實存在卽在於當下，則知此眞實存在本身，能感受痛苦刺心，正因其要超拔痛苦，要超拔心刺。而其所以有此「要」，正根於其自體本身原是超拔於一切痛苦刺心之事之上，而常自悅樂，常自平安。由是而我們只判斷世間爲苦海爲罪惡時，人仍未認識眞實存在的世界之全，人亦尙無其人生之眞實化。

我們說，我們必須由對於一切不眞實的東西之接觸遭遇，而感受痛苦刺心中，印證我之精神生命我之心靈之自體本身，原是一常自悅樂，常自平安之宇宙性的精神生命、宇宙性的心靈之眞實存在。因而我們不能只判斷世間爲苦海爲罪惡。我們的意思，不是要藉此及吾人之求超越此苦海與罪惡之超越的要求，卽去肯定一超越外在的上帝之存在與形上實在。在此，我們正須說，一般所信仰所認識之超越外在的上帝、或形上實在，皆可爲不眞實的觀念，亦爲阻礙人生之眞實化者。

一般之超越外在的上帝與形上實在，其所以是不眞實的觀念，是因爲我們現在之問題，乃在求人生存在自己之眞實化。在人生存在中，凡一切只爲我們之認識與信仰之所對者，皆只是人心之向外向上凸起時之所承載。而人心之畢竟是否願向外向上凸起，以承載此所認識所信仰者與否，人亦卽永有其自由。故此所認識與所信仰者，亦卽有不呈現於人心靈之可能。此不呈現於人心靈之可能，卽其虛幻性虛妄性之所繫。就人生存在自己言，自其內部來看，固亦可發現種種虛妄或虛幻之成份。然而人之能「知」能「感」此一切虛妄而不安，欲求超化此一切虛妄之無盡的心願中，所昭露者，則爲一現成當下而又無盡深遠，而通天地萬物爲一之內在的眞實，爲人無一日一時與之相離者。此內在眞實，非一切向外之認識信仰之所對，而爲一切向外之認識與信仰所自發的根源。人唯因有此內在眞實，而人又恒不能回頭眞實的加以自覺，於是此內在眞實，在感不眞實者之刺激壓迫時，遂將其心願所存，向上向外凸起，迸發而出，惟寄望於超越外在的上帝與形上實在，而有對之之認識與信仰。而順人之認識與信仰之外向的活動，人又可只注念於此認識信仰之所對，一若只有此所對者之自身之存在爲重要之事。以至有人認識信仰之與否，皆可與此無關。此即形成一泯失人生存在之自己之一大無明。由此而再說人生存在之自己之命運，乃倒懸於此超越外在之認識信仰所對之前，則造成整個人生存在之外在化對象化，而當下之人生存在之內容，遂全部蒸發升騰，只留一虛廓，致造成人生之最大的虛幻。此處旋乾轉坤之又一學問，則爲不再只將其心願所存者，向上向外凸起，以倒懸於此認識信仰之所對之前，乃轉而向下放平此心，向內凝聚此心，回頭眞實自覺的求在感不眞實的東西之刺激壓迫時之心願所存者之本來面目上，實參實悟，而於此中見得其所昭露之現成當下而又無盡深遠，以通天地萬物爲一體之內在的眞實，既「鼓萬物而不與聖人同憂」，亦充實飽滿於我一念之心中，而未嘗有一絲一毫之外溢，以使我有終身之憂，而又樂足以忘憂。此亦卽昔賢之所謂天心卽人心之仁心。人能眞見得此物事，再內通於千古之聖心，或視此天心爲超越而非外在，以對之皆致其崇敬，則亦非上無所託也。

(八)所接之事物之唯一無二性之確認

人生之眞實化之最後一步，則爲由識得此卽天心卽人心之仁心，充塞飽滿於我之當下之人生存在之中，而由我之四肢百體，與相呼應，洋溢流行於外，以「大禮與天地同序，大樂與天地同和」之心情、與我之當前環境中之家庭國家人群中之人及自然物，相流通感應。而此處之最重要者，乃人之對其所接觸之當前環境中，一切特殊唯一無二之事物之唯一無二性之確認。人於此必須認識其父母乃唯一無二之父母，其家庭乃唯一無二之家庭，其國家乃唯一無二之國家。周茂叔窗前不除之草，當時乃唯一無二之草。程明道觀雞雛以觀仁，當時乃唯一無二之雞雛。由此而呈於我前之世界與宇宙，乃唯一無二之世界與宇宙，而吾內在之卽人心卽天心之仁心，於時時處處，有其唯一無二之呼召。此中我時時處處之所遇與我之所發之行爲，以皆唯一無二，則時時處處皆爲絕對，皆爲具體之充實存在。於此一有雷同剿襲，隨人脚跟，學人言語，以至一落入格套，只憑抽象概念用事，卽使當下之人生存在之活動，與他人或自己他時之活動，糾纏拉扯，膠固黏連，形成一心靈中之疙瘩機括，同時對於當前所接之具體之充實存在，有一無明，有所泯沒，而使吾人當下之心靈之感應與行爲中，有一缺漏與虛幻不實之處。如此中一無缺漏與虛幻不實之處，則此當下之我之人生之一切行事，皆日新不已，而一成者皆永成。至一般人之所以覺成者有毀，而或感人生之空虛與缺漏，皆由欲超越當前所接之實有之「此」，而于此中求其中本無之「彼」，及見「此」中無「彼」，遂覺成中有毀，而「此」卽若空虛無實。不知其欲於此中求彼，正由於其心靈先膠固於「彼」，同時又對「此」有一無明，而於「此」前，心靈先自陷於空虛。人於此欲免於空虛毀滅之感而外求，則雖上窮碧落，下達黃泉，而與所遇者，皆旋卽旋離，仍將無處不只見一切之不斷消逝，將無從而得逃於空虛之感之外。此處除直下承擔當前所遇，去其所膠固於彼，使不無明於此，另無人生眞實化之道路。而人之欲離於此當下之人生，不知反求諸己，而只向外希慕天國涅槃者，此向外希慕之念才動，卽已是出明入幽，先自陷於無明，而使人生雜入不眞實之成份。然此亦非世間無天國涅槃之謂。而是歷此人生眞實化之艱苦歷程，由此心靈之昭明靈覺之新新不已，卽以見天命流行之泉原不竭，而皆清淨無染之謂。而此中之次第工夫，則仍當自本文開始時所言之不妄語，與日常行爲皆求合理，使足以爲法則始。如吾夫子所謂「言忠信，行篤敬」，而另無奧妙與神秘。古今聖哲之最高智慧之所在，亦無不歸於將奧妙與神秘者化歸平常，所謂極高明而道中庸。然人若便謂以爲平常，便謂此中更無奧妙神秘與高明，而輕心掉之，則又大誤。是在學者之深思而自得之。

四十八年一月十日

第七篇：人生之顛倒與復位

（一）引　言

本文爲人生之體驗續編最後一篇。從我寫人生之體驗到現在，已歷廿餘年。在此廿餘年中，我實不斷對我之生活，與生活中所遭遇之一切，時時有所反省。此中間的變化，約有三階段。第一階段卽人生之體驗與道德自我之建立之二書所表示，此乃全基于對于人生之向上性之肯定，而從我之一切現實煩惱中翻出來之二書。由此二書所展示于我之世界，乃逐漸爲一形而上之眞實完美之價値自體之光輝所彌綸。于是本此眼光所看出之客觀的人類文化之根源，亦卽一道德理性之在各方面之文化意識中，表現它自己。此卽我之所以寫文化意識與道德理性一書。此書雖只發表數年，但實成于十年以前。至于最近這十年，則我所能自覺到的思想進步，大皆屬于對人生現實中之負面的東西，如人生之艱難、罪惡、悲劇方面的體驗。以前我所發表之人生之體驗續編之文，皆是包涵：對此之負面的東西之正視的。但這並不是說廿餘年來，我的思想之道路，有任何改變。只是年齡日長，不僅人生經驗日增，而且人之心靈由山谷經過崎嶇之道路，逐漸到山頂後，再回頭看地面，遂對其凹凸不平之處，及何處是陷阱深淵，亦逐漸能加以指點分明。人生的艱難、罪惡、悲劇，是在那兒，在我之視線之內，亦在我之生命之內。陷阱與深淵，我自己亦隨時可墮入。

但是我知道我可墮入，我即可不墮入，如墮入，我亦知道自何處再翻出而升起。如果我自己廿餘年在學問上有何進步，亦主要在此一方面。至于一般知識之增多，寫幾篇學術研究的論文，此不過世俗之學者之所謂進步。這些進步，可能只是一些陷阱之沉入，不足語于眞正的學問之進步之列。但是對于這些人生之艱難、罪惡、悲劇等諸陷阱深淵之所在，我雖漸能指點分明，然其深度，則尚多非我之所測。此諸陷阱深淵之底層之隧道、窟窿，尚有無數之奧秘，而其如何曲曲折折以搖接天光，更非我智慧之所能及。而即將我所知者說出來，亦非只在地面之浮層用心的人所能了悟。而此中加以論述的方式，亦難決定。如以輕鬆的筆調，加以論述，則使人忽視此中之問題之嚴肅性。如以嚴肅的筆調加以論述，則人生之艱難罪惡悲劇之本身，已太嚴肅，在嚴肅上加嚴肅，尤非亂世弱質之人，在精神上之所能負擔，亦不必能引人入于此中之智慧之門。而折衷于此二者之間，亦復不易。故我以前所寫續編之數文，亦皆不能如理想。今寫此最後一篇，論人生之顚倒與復位，乃重在論人生之顚倒，而擬將前所論之關于人生之艱難罪惡悲劇之原，換一觀點加以說明。但是否能把我于此題之所見者皆容納于一文，尙不敢說。容納多少，只有任由文章進行時之機勢以爲決定。至于寫法方面，則仍由淺入深，由輕鬆逐步到嚴肅，此乃接引世俗不得不有之方便，望賢者諒之。

(二) 人之倒影及其他之譬喻

所謂人生之顚倒相，如人之立于池畔，還望其自身在池中之影。此時人自己看見自己倒立于池中，如一外在客觀的物象，而脚在上頭在下。此例所喻有二義：一是主體的自己之客觀化，或內在的自我之外在物象化，而此外在之物象，則只是一虛影。二是價值高下之易位。此二者，即喻一切人生顚倒相之基本意義。然此基本意義之所涵攝，與表現此意義之人生事相，則幾可說無窮無盡。我們尙可說，除了聖人，我們之任何人生事相中，皆或多或少包括若干人生顚倒相于其中。由常人至事業家、政治家、學者、哲學家、宗教家，無一能逃此顚倒相之幻惑。此顚倒相，乃由人之深心的顚倒性而產生。此顚倒性，蓋卽佛家所謂根本無明，基督教所謂原始罪惡，中國道家老子所謂「人之迷其日固久」之迷，莊子所謂「人之生也，固若是芒乎」之芒。而正統的儒家，則或不認識，或認識不夠深切，或認識夠深切，而爲更深之理由，隱而未發者。至少自語言文字之表達上說，正統儒家所說者，是不夠的。現在我們要開拓儒家思想，此一面之思想，亦須加入攝入，如何攝入之，而不礙儒家思想之根本義如性善論，是一個哲學上之大問題，但亦不難解答。本文擬自常人一常識說起，而此一常識，乃可帶我們去看，在常人之心之底層之一種原具之顚倒性，同時亦可作爲譬喩後文所說之用者。

常人之一常識，是人中有瘋狂者。此瘋狂者是不及常人標準、若低于常人之一種人。近代心理學家視瘋狂者之心理，爲變態心理之一種；而近代心理學對于變態心理學之硏究，亦實人類學術中之一大進步。我對此不是專家，不配討論此學問之本身。但是我們知道，人之變態心理之一，卽人可不照鏡、不對水、而看見自己立于自己之對面。文學家哥德卽曾有此經驗，看見自己由對面走來。最近有一美國科學家來港，他告訴我有一種藥物，他並寫下藥物之名，謂人服一定量，大都可看見自己立于自己之外面。此可說只是一感覺上的幻像，此幻像亦可能只是一主觀的構想所成，而並非人之神游于自己之外，以看見其自己。但是此幻像之所以可能，却是依于一根本的道理；卽一般人視爲等于其自己或自己最親密的東西之身體，亦可爲其自己所外在化客觀化，而如存于自己之對面。人在此並不憑仗水與鏡，而能外在化客觀化其自己之身體之形像之性向，卽人心底所原具之顚倒性之一種自動的表現。

在人類之變態心理或瘋狂心理中，還有一種普通的現象，在理論上應與上所述同類者，卽所謂投射的現象。人愛一異性者，在此種心理下，可全不覺他愛某人，而只覺某人在愛他。儘管在實際他是因思某人而自己成疾，但他却只想某人之思他而成疾，待他之愛以救其生命。此所謂投射，乃將其自己心中之愛慕，全投射入對方，而皆變爲由對方向我而施發者。而他自己之心中之愛慕，卽全部外在化客觀化，而如只存在于對方之某人之中。此正與上一例，同展示人之原有一自動的外在化客觀化其自己之性向，而他自己却可全不知道。

此外，到瘋人院參觀的人，可以看見一瘋人終日只作一動作，如以線穿針，穿了再穿，由晨至晚，不厭不倦；而將其他活動，皆加以廢棄；于是其可用于其他活動之生命力量與心力，卽全部用于此一穿針之活動；其整個之人生，亦卽顚倒而沉入此穿針之活動中；而此穿針之活動之價值，亦如對之成至高無上，而其整個人生及其他活動之價値，皆如在其下。此卽在人生之顚倒中，同時有一種價値之高下之易位之例。

我們舉此變態心理及瘋狂心理中之二例，不是爲討論心理學之問題，而是爲便于指證人生之顚倒性之存在。我們雖都是常人，但亦都有瘋狂的可能性。我們都是可能的瘋子，亦都是幸而未瘋狂的人。而我們之幸而未瘋狂，並不證明我們之人生無其顚倒性。此顚倒性，不表現于一般所謂瘋狂及變態心理中，反之，却可表現于一切所謂常態的人生事相，及一般認爲較常人更高之非常人物，如學者、政治家、哲學家、宗敎家之各種思想與活動之中。在此處，我們與瘋狂的人，可謂並無本質的分別，而只有形態的分別，與所表現之人生顚倒相之種類及程度上的分別。

（三）誰顛倒及顛倒如何形成

在我們陸續說明人生之顛倒性相之前，我們還要先問：誰在顛倒？此顛倒如何形成？我們當答覆：此顛倒者，卽我們上述之主體之自己，或內在的我，或我們之心靈生命存在之自體。至于問其顛倒如何形成，則只說依于其顛倒性，尚有所不足。因爲此顛倒性雖屬于此能顛倒的東西，而此能顛倒的東西，其本身却不能說卽是顛倒。如人臨江望其自身之影爲顛倒，但人之自身却不能說卽是此顛倒，此人之自身初原是正正堂堂，立于地上，而本無顛倒的。此卽比喩我們之主體之自己，或心靈與生命存在之自體，初亦本無顛倒。本無顛倒者如何會有顛倒？此問題我們無意在此加以答覆。我們今只擬先說此本無顛倒者，其相貌情狀是如何，然後再說其顛倒之相貌情狀是如何，最後才略論由顛倒再回到不顛倒如何可能，而不討論其他純屬哲學理論上的問題。

關於此能顛倒者之我們之心靈或生命存在之自體，其相貌情狀是如何，此可以多講，亦可以少講，可以淺講，亦可以深講，亦可以從不同的角度講。我在其他文中，論及者已多。在此文中，我只須直截了當的說，此心靈或生命存在之自體，乃原具無限性，而是以超越一切有限量者爲其相貌與情狀的。亦卽無論你如何去想它，你總不能發現其邊際，而視之爲有限量的客觀對象。它永是一超越的無限者。然而此自身爲一超越之無限者之心靈或生命存在之自體，同時亦卽是能發生一切顛倒，而具一深不可測之顛倒性，而表現爲人生之一切顛倒相者。如果人們不能就其自體本身，以認識其爲一超越的無限者。人們亦可直自人生之一切顛倒相中，認識其深不可測之顛倒性，以反照出其原爲一超越的無限者。觀下文，自可逐漸見得此義。

此超越的無限者，是如何地形成其顛倒性，並依其顛倒性，而有人生之顛倒相？此先可抽象而概括的，以一語道盡：卽此超越的無限者，須表現于現實之有限者之中（如：有限的現實生命之存在，有限的身體，及各種有限的現實生命之活動，與有限的所有物等），而它又會順此現實之有限者之所牽連，而欲化此有限者爲無限者，以求自見其自己之倒影于其中，而視之爲其自己之所在。在另一方面，此超越的無限者，亦有超離有限者，與之脫節，以虛陳其倒影。它初不知此化有限爲無限之事，非眞實可能，而唯是一虛妄，其在此求化有限爲無限之歷程中，及與有限者脫節時所見之自己之倒影，亦實非其眞正之自己，此卽人之所以有其顛倒性與一切顛倒相。到了人能如實的了知：此一切顛倒性相，非其眞正自己之所在，乃轉而在現實之有限者中看見他自己之表現于其中，而又兼超越于其上以存在時，此顛倒之性相，卽開始化除。人亦同時悟知：此顛倒性相，雖由其自身而有，然尙非其自己之本相與本性，而另有自見其本相本性之道，于是人生卽可由顛倒而復正位。凡此等等，皆人生之事實之描述，而非只一哲學上之理論，故此下亦惟由一一人生之實事，以證上之所說。

（四）常人之好利好色及嗣續貪中之顛倒相

什麼是人生之實事？其底層實不外人之求生，而求生之最底層，卽人之求形軀之生存而需飲食。善哉佛經之言「一切衆生依食而住」也。佛經之恆言釋迦乞食已，而後講說，卽謂釋迦亦不能外于此食之事，故與一切衆生同依食而住也。復次，人之形軀旣得生存，又必欲由男女之匹以有後裔，善哉佛之言「一切衆生皆依淫欲而正性命」也。中國儒家之禮記言「飲食男女，人之大欲存焉」。此皆不妄語，而如實說人生最底層之實事者也。無此底層之二實事，則生人道喪而人類絕，聖賢仙佛，皆同不得存于世間，故人亦不得對此二實事，先存輕忽非議之心。然吾人之此二實事，其所成就者，不過吾人之一有限之形軀之生命之存在，吾人之子孫之有限之形軀之生命之存在。以此對照聖賢仙佛之心靈與生命存在之無限量（此實卽吾人之心靈生命存在之自體之無限量之如實的自覺而自見），直不可同日而語。然彼聖賢仙佛，何以亦須依食以住其身，並先為他人之子孫，以有限之存在出現于世，則為天下之至詭。而聖賢仙佛又若果為我之所能為也，則我今日之依食而住，我身之先為我祖宗父母之子孫，以得此有限之形軀，亦天下之至詭。此至詭之所以為至詭，在終可成為無限量，而自覺自見其為無限量者，其始乃只表現為有限者。然此終之可成為無限量之理，又必自「始」而然，而此能成始而又成終之聖賢仙佛，與吾人之心靈與生命存在之自體之本性，亦當自「始」以無限量說之；而其始于表現為有限量之形軀，卽此無限量之自體先表現為現實之有限者之一實事之例也。

然人既依其無限量之自體，以表現為現實之有限者，人卽同時可順此現實之有限者之所牽連，求化此現實之有限者為無限，以求自見其為一無限者之倒影于其中，此卽上述之人生之顚倒性相之原，而其最切近之實事上之驗證，卽在人之好利與好色，此亦人之常情，遍古今中外而皆然，以未嘗有異者也。

人何以好利好色？人或謂此乃原于人之求食以謀己生，及求後裔以謀種族之生的生物本能，是卽人之同于禽獸之性。此言也，實似是而實非。彼禽獸之食至飽而止，其春情之發動也有時，亦得其所欲而止。而人之好利好色，則竭天下之財富與佳麗以奉之，猶不足，而可歸于無限量。此固非禽獸之所有，而實原于人心之無限量，而欲求其無限量，于「財富與佳麗之無限量」之具有之中，而妄欲于其中見其自體之無限量之事也。欲知此義，當知人之好利好色，皆非只是徒好有限的現實的存在事物，而實是好其所牽連之尚未現實化之種種可能，而此諸可能，實唯是呈現于人之心靈之前，又必歸于爲一無限量之可能者。玆再連由好色而出之嗣續貪，分別標以甲乙丙，論之于下。

甲、人之好利，見于其好財富。財富之所以爲財富，要在其能孳生財富。財富固亦或可直接享用，而財富所孳生之財富，則非可直接享用。故人之好財富，非徒好一現實之直接享用，而要在好種種對財富加以享用之「可能」，與財富之能孳生財富之「可能」。人之好財富，以好貨幣爲歸宿，而貨幣之所以可好，則尤在其可孳生貨幣，及貨幣之兼具購買任何等値之物之「可能」。此諸可能，實皆唯對人之心靈而呈現，爲人之心靈所貪着愛戀之眞對象，其本身乃不可感覺的、爲精神的，而非物質的可感覺者也。

由人之愛財富，要在愛其孳生財富之「可能」，而其「可能」，如得現實化，又必將更有其所可能孳生之財富，以相引而無窮，而人乃必愛此相引而無窮之可能。小說中謂有一乞丐，得一雞蛋，而思其化爲雞；雞復生蛋，蛋再爲雞；以雞易羊，羊復生羊；以羊易牛，牛復生牛；牛馬成群，以易田地；田連阡陌，富比王公，而浸至甲天下。此卽見財富之相引而無窮，儘可由此區區一雞蛋而致；而一乞丐卽可緣是而求自見其富比王公而甲天下于此雞蛋之中焉。夫此一區區之一雞蛋，自其現實而觀，固不足以富比王公而甲天下，而自其可能孳生之財富而觀，則亦實未嘗不可相引而無窮無限量，而人卽可以此無限量之可能，爲其貪求愛戀之對象，而此無限量之可能，則固唯因人之心靈原具無限性，而後能思維之構想之，以使之宛然呈于此心靈之前者也。然此無限量之可能，又實非眞實之可能，而實唯是此心靈之無限性之倒影。自眞實之可能而觀，則此中之每一可能，皆有可加以對消，而使之成爲不可能者在。然人于此可加以對消，使之不可能者，儘可視若不存，而唯自沉酣于其所思之無限量之可能，並貪求其現實化，以期一日之眞富比王公，而甲天下。此人之欲求具有無限量之財富，卽人之欲由此具有，以自見其自體之無限量，宛然虛映于其中，正爲由人之顚倒性而生，而見人生顚倒相之一端之事，讀者一加細思，卽皆不難了解者也。

乙、復次，人之好色，其理亦同于人之好利，而依于人之好一種可能，並同表現一人生之顚倒相者。人之好色，而只爲好色相之自身，則同于美感，不得稱爲好色。好色依于淫欲而生，然所謂淫欲，其出于人之生生不已之眞幾，或自然之兒女之情者，佛家雖亦謂之淫欲，嚴格言之，尚未必爲淫欲。唯其過度而不知節者，乃爲淫欲。而人之所以有此淫欲者，唯始于對對方之肉體之貪戀。此貪戀之始，則蓋始于人之宛然幻覺若有無窮之歡樂，可自此肉體中流出。而此一念，又始于人之嘗客觀化其歡樂，而視若來自此對方之肉體中者。此卽已爲其主觀之歡樂之一倒影，依于一顚倒之意想而成者。此倒影既成，人遂宛然幻覺此對方之肉體中，具孳生此無窮歡樂之可能，而貪戀之情生。故所貪戀者似爲肉體而又實非此肉體。此貪戀之情之所對者，實爲一可能之歡樂，而初唯存于人之顚倒意想中者也。人唯有此意想，而後由自然之兒女之情中，化出淫欲。而好色之徒，其淫欲之必由一人以及他人，此亦非徒出自人之生物性之本能，而唯原于人之于一美色中見歡樂之倒影，卽依類而推，于其他美色中，亦起同類之顚倒意想，遂由一及他，好色無饜，卽佳麗三千，納爲己有，亦不知足。此皆緣自人之心靈，欲使其好色之活動，由有限以趨于無限，而同于人之貪無限之財富，皆見人生之最大顚倒者。而古之帝王，陳佳麗三千于後宮，雖明知非自己之所能受用，而不縱之使爲良家婦者，則明爲欲佔據此一受用之可能。只佔據此受用之可能，雖終身不受用亦無傷，此種貪戀更明爲精神的，而非只爲生理的也。

丙、人由其自然之兒女之情及淫欲，而得之果實，爲子孫之生出。人之愛其子孫，亦初爲自然之情，而後則化爲佛家所謂嗣續貪。具嗣續貪者，其多子多孫之要求，亦無饜足，並必期其子又生孫，孫又生子，子子孫孫，永無窮盡。人之可由自然之愛子孫之情，以發展至嗣續貪，蓋由人之子女，皆原爲人之自身之肖像，而人卽可于其子女之身上，宛然見另一自己之存在；由是而人卽可執此子女，視之如我，而對之有一私愛。然此私愛，實非愛子女之爲一獨立之人格與生命，而只是愛其爲我自己生命之倒影之投寄之所，此在根柢上，實唯是自愛。緣此自愛而生之對子女之私愛，進而望多子多孫，及子子孫孫之無窮盡，亦通體是一私愛，而出于望其自己生命之倒影，普遍投寄于無窮盡之未來之意想，而此無窮盡之未來之本身，又卽原于人心靈之無限性而有之倒影也。故嗣續貪之所以爲嗣續貪，乃純人依其顚倒性而呈之顚倒相，乃非禽獸之所有，以成人獨有之迷執之一端者也。至于中國先聖之敎，雖重嗣續，然非爲己身而求嗣續，乃爲宗祀而求嗣續，此亦卽所以易人之出自己私之嗣續貪之一道也。

(五) 常人之好名心中之顚倒相

人之欲順現實之有限者之所牽連，以化之爲無限，而有之顚倒性相，不特表見於人好利好色及緣好色而有之嗣續貪之中，亦表現于通常所謂人之好名、好位、好權、好勢、好勝等之中。而此名位權勢勝等，則皆緣人與人之生活、生命及心靈精神之相接觸，而爲人道之所不能免者也。

吾人謂名、位、權、勢、勝，緣人與人之相接觸而爲人道所不能免，此理實易知。蓋人旣相接，則互見其才智與德行，才智足利衆而德足服人，人誌之于心，則有名矣。才有大小，德有高下，而共相期許，則有位矣。大才役小才，大德役小德，則有權矣。彼有名而居位有權者，其言其行之既發，而人和之隨之；未發而人望之待之，則有勢矣。以才德相競，以名位權勢相競，則勝劣彰矣。故有人與人之相接觸，而人之才德等又有殊異，則名位權勢勝，卽與人道共終始。而人之互見其才德，乃誌其才足利衆、德足服人者，並爲分其才德之位，而小才服大才、小德服大德，以及人之相競以向上求進，亦恒根于人之價值意識之不得不然，而其原至清淨者也。然則何以好名、好位、好權、好勢、好勝，又爲世所詬病，或視爲人之大私之所在，而吾人又謂之爲依人之顚倒性而表現人之顚倒相者乎？

欲答上列之問題，須知名位權勢勝五者中，乃以名爲先，位權勢皆依名而有。而好勝之依于人之向上求進之心者，乃唯欲超越于已有之現實存在而進一步，此不必爲對人而發，卽對己亦有之。如我欲作一文以勝已往所作之一切文是也。其專對人而有之好勝，則或依于欲人之服我而我對人有權有勢或依于欲得居高位，而就高名。故此下唯論人之好名，何以可成爲人之大私之所在，而依于人之顚倒性而有。至于餘者，則不擬多論。

關于人之名心之起原，我于論人生之毀譽一篇第五節，曾稱之爲人之道德感情之一虛映的倒影。此所謂道德感情，乃指呈露人與我心靈之形而上的統一，而通人我之心之感情。此感情之原始，乃一我之自動的同情他人、帮助他人，而于自心內部中涵攝他心，以成一內在的統一之情。至人之求名心，則爲求他人之稱讚我，使我內在于他人之稱讚中，而成一被動的受稱讚者，以形成一人我之心之統一；而此統一，則又因他人之在我外，而只成爲一外在的統一。故我于該文中，稱此後者爲前者之一虛映的倒影。但該文之說，尚有餘義未盡。卽此好名心不特其自身爲一道德感情之倒影，其初實亦依于一道德感情而有。因我之名，初由我之才德之表現而有，我有才德而望人知之，此亦卽使此才德之價値，爲人所共享，而此亦初卽一種我對人之施與，而卽是一自動自發之道德感情。欲知由此道德感情如何竟化出一好名心，當循上來所說，在人既知我之才德之後，我卽于他人心中，若見具此才德之我，存在于其中，又見人之既知我之才德，復留下印象，及關于我之才德之名言。此卽爲我之存于他人心中之虛映的倒影。此虛映的倒影之存在，依于我之才德之施及他人，而客觀化于他人之心中，亦直接表現一人我心之統一，及我之心靈與生命之擴大者，因而有歡樂之感，相緣而生。此尙不必成罪戾，亦爲我之有名之自然結果，而尙非好名。好名之心之起原，乃由吾人既于人心中見我之倒影，如關于我之印象及名言之存在，而生歡樂之感之後，遂依此歡樂之感，而對此倒影之存在于人心，生貪戀之意。于是進而虛提此倒影，卽虛提此他人心中關于我之印象與名言之存在，而望其更存在于他人之以後之心，以保我令名；並存于另外之其他之人之心，以廣我令名；進而望此令名常存而遍存于人心，以至天下萬世之人心，而享令名于無窮。此方爲好名心之所以爲好名心之實相。而此中卽有莫大之貪執、私心與顚倒。蓋關于我之印象名言之存在于他人之心，原只爲我之表現某種才德而感人之附從結果，此非我之才德感人之實事所在，亦非全部之我之所在，而原只爲我所表現之才德，在他人心中之一虛映的倒影。今我竟視此倒影所在爲我之所在，並求此倒影之常存而遍存于人心，爲我之常存遍存，卽我之自化同于此倒影而虛妄不實化。至于我之求此虛妄不實之倒影，存于天下萬世之人心，以冀享令名之無窮，此無窮之欲之本身，則又依于人之心靈之無限性之顚倒而有，以爲其倒影者也。

吾人如知好名之依人之心靈之顚倒，則知人之好位好權好勢，皆同出于人之心靈之顚倒。然此亦無礙正位正權正勢之所自生之本源上之清淨，如實至名歸之事，在本原上之未嘗不清淨。此中雜染之生，顚倒之起，皆其幾甚微，而一念之差，則天地易位，是皆學者所不可不深察者也。

(六)常人之求客觀價値之心中之顚倒相

流俗之人或顚倒于貨利、或顚倒于美色、或顚倒于名位權勢。此一切顚倒，皆非禽獸之所能爲。諸顚倒相互爲用以充極其量，卽成無限之私欲，而無窮罪惡皆由之以出。至人之所賴以拔乎此無窮之私欲罪惡，而逆此顚倒，再復人生之正位者，則人之求實現彼眞理美善神聖之客觀價値之事也。凡此諸客觀價値，皆永恒而普遍，乃通古今四海而皆然，而不知其所限極者，遂皆足爲人之具無限性之心靈之所依寄。如彼一微末之眞理，一日如是，一年如是，萬年如是；中國如是，全球如是，移之太空之星球，亦復如是；卽不知其所限極，而堪爲人之具無限性之心靈之所依寄者也。推之美、善、神聖，尅就其本性而觀，亦皆莫不具普遍性永恒性，而同堪爲人之具無限性之心靈之所依寄，亦皆同爲人心靈之所賴以得免于其他顚倒者。然人之求彼眞理美善神聖之價値之事，仍有二者，終不得免于顚倒。一者爲此諸事之目標之顚倒，二者爲此諸事者恒執一而廢百之顚倒。此皆自古及今，演而彌烈，茫茫前途，未知何所底止者。玆標以甲、乙，分別論之于下。

甲、所謂此諸事之目標之顚倒者，卽此諸事原另無目標，而唯以眞理美善神聖之自身爲目標。而人生之他事，實當以此諸事爲目標者。然人依其心靈之超越性，亦可轉而超越此諸事自身之目標，以別求一目標。而其所別求得之目標，正恒爲人之私欲中之目標。于是，此諸事乃轉爲達此諸私欲之工具與手段。故彼莊生之大盜，「妄意室中之藏，聖也；入先，勇也；出後，義也；知可否，知也；分均，仁也。」則凡善德皆顚倒而爲大盜之工具手段矣。美藝可冶容以誨淫，眞知可發覆而射利，神道可駭世而成神權。當今之世，一切科學知識、一切藝術文學、一切人與人之互助合作，無不可爲商人致富之資、野心家極權之用。古今之元惡大憝，滅人之家、亡人之國，而盜神聖文武之名，亦普天下而皆然；則人間苟無此美善眞理神聖之客觀價値，人之造孽尙不至此。此卽莊生之所以寧「乘夫莽眇之鳥，以處壙埌之野。」；吾亦而今而後，不敢言今日之人間世，必愈于太古之洪荒也。

乙、至于所謂人于求眞理善美神聖等事中，執一而廢百之顚倒，則其事亦易知。如彼知物理，而不知生理；知剛健之爲美，而不知婀娜之爲美；知狂之爲善德，不知狷之爲善德；知耶敎之爲聖敎，不知佛敎之亦爲聖敎，皆是也。下此以往，則謂天下之眞理，莫高于我瞬間之所思；天下之音樂，莫尙于我此刻之所聞；天下之美德，莫高于我今日之嘗救鄰人之災禍；是皆未嘗不可。而凡此人之執一以廢百之事，所以爲不可者，皆以彼爲「一」之眞或美或善，雖自其內部而觀，皆普遍而永恒，通古今四海而皆然，莫知其限極；然自其外部而觀，則畢竟只爲一而非百，其外另有無窮無盡之眞善美，而不容人之自限于其一。而此一，亦實不足寄此心之無限性之全也。然人之所以又恒不免于執一以廢百，以一塵蔽天，一指瞑目者，則此中之理由，又不可惟以人甘于自限于一以爲說。因其若只自限于一，則一中雖無彼百，而一亦未嘗能蔽彼百，而廢彼百也，實則此中人之自限于一，而又能蔽彼百廢彼百者，乃原于人之既自限于一，同時卽又兼擧其自身之無限性，以自沉入于此一之中，而此一卽鼓脹彭亨，以成一窮天地亘萬古之至大無外之一；遂于其餘之百，或一切之一，皆加廢黜，如囚之死牢，永世不出；又如蔽之于一彌天蓋地之無明網之下，而長夜漫漫，更無旦期。此乃唯緣於心靈之無限性之顚倒，以自沉入此一之中，而如自其內部，化此有限之一以宛成一無限者，方能有之事也。吾嘗深觀彼世之學者、宗教徒，以至文藝之士，及具偏見之道德家，其成見膠結于心之後，于相殊異之眞理美善，如泰山在前而不見，雷鼓震耳而不聞，鐵門千鎖，不足喻其錮蔽；愚夫愚婦乃更耳目聰明，而心靈能四門洞達；蓋嘗百思而莫解。後乃悟此實緣于其心靈之原具無限性，而今已全幅顚倒而沉入其所知之有限者之中；彼已先入死牢，再復造一大死牢，撒下瀰天蓋地之無明網，以縛光天化日之下之豪俊，則亦使眞理美善與神聖之價値世界，同歸于盡而已矣。

(七)常人之宇宙觀人生觀中之顚倒相

此人生之顚倒相，不特表現于人生之一切好利好色好名及求眞理美善神聖之活動之中，亦表現于其人生觀及宇宙觀之形成之中。自此而言，則古往今來，人之全免于具顚倒相之人生觀及宇宙觀者亦幾希。此皆可名之爲人之顚倒見，今姑舉四者爲例。

甲、一者吾人可名爲人將其自心之無限量，全推讓于宇宙之顚倒見。原我人之自視其生也，最易由我身之長不滿七尺，壽不過百年上措思。我人復思我一身外，有他人焉，有萬物焉，有廣宇悠宙之無窮無限焉；于是觀我之在此宇宙，誠若太空之一粟，白駒之過隙，而至有限者也；則亦儵來而生，儵來而死耳。在一義上說，此我爲有限之一見，本非顚倒見，然緣此而謂：我既在一義上爲有限，我卽不能在另一義上爲無限，則爲顚倒見。蓋我之能在一義上自見其爲有限，而知彼宇宙之無窮而無限，實卽已同時在另一義上反證我之心量，能超出我之有限，通于宇宙之無窮而無限，以與之俱無窮而無限。當陸象山十餘歲，讀書至「上下四方曰宇，古往今來曰宙」，而頓悟我與宇宙同在無窮中，宇宙卽吾心，吾心卽宇宙。憶吾于十五歲時，讀象山此言，亦憬然有會于心，而宛然見得此能知廣宇悠宙之心，卽與之同其廣大，同其無窮而無限。今念此義，實人之精神才一警策向上，便可不疑，亦至易而至簡之理。而人竟罕能悟及，終覺有限之我在此，而無窮無限之廣宇悠宙在彼者，其故無他，卽人心之執此我之爲有限之一念，便與其他有限之事物爲對峙；再依其對其他有限之事物之欲望馳求貪戀及畏怖，而更一念向下，以沉墜于此情識之中，于是併此與廣宇悠宙俱其無限之心量，亦向下而沉墜，而唯面對彼其他有限之事物，而皆視爲在我之外者矣。彼事物既在我外，于是彼涵攝事物而爲事物所居之廣宇悠宙，遂亦如全在我外；其無限而無窮，亦如全在我心量之外，與我脫節；而我之心量，亦如全無復此無限而無窮，乃只呈其有限情識中之心知，以外繫于此有限之事物，內屬于我有限之身軀而已。孰能再反省及此「知事物之爲有限」、「知身軀之爲有限」、「知此情識中之心知爲有限」之中之「知」，仍爲超越此諸有限，亦爲能涵攝萬物，與廣宇悠宙同其無限者乎？此卽緣于人心之顚倒，將其自身之「無限量」，全推讓于宇宙，以只自居于有限，成一顚倒之見，而不自知其顚倒者也。此中問題，如自哲學立論，曲折尙多，論辯亦可千迴百轉。然要之必歸于去此顚倒見而後已。而吾人眞能在精神上一念警策向上，以頓超直悟者，亦無勞于此千迴百轉之論辯，而亦能自信不疑也。

乙、在常人之宇宙觀中，唯物論亦爲一最大之顚倒見。此唯物論不必爲哲學之唯物論，乃主要指常識之唯物論的人生觀。此乃由吾人之一念視此形軀爲我，而又知此形軀，必賴物以養而來。夫我之此形軀，乃我依之以與世界其他人物相與感通之具；而每一感通，又皆依於此形軀之物質之銷化，吾昔論之屢矣。

唯依此物質之銷化，吾人之生命心靈精神之活動，乃得生生而不已，其間之關係，固至微而至妙；然要不可言我之生命心靈精神，與我之所以爲我，卽同於此物質之形軀。然人依其日常之生活所成之習氣，又恒使之直覺其自我如卽此物質之形軀，故生心動念，唯以護持此形軀爲事，關照警惕，千方百計，無微而不至。此蓋初原於我之生命心靈精神之活動，既賴此形軀之物質之銷化而後有，亦卽賴於先有此形軀之物質，以資銷化，故人之加以護持之事，亦理所不免。然人一念昧其所以護持此形軀之目標，而專以護持此形軀爲事，此護持之事，卽成一習氣；遂謂緣此形軀之物質之銷化，而有之生命心靈精神之活動，皆此形軀所孳生；人卽墜入唯物論之人生觀，而其心思，卽轉而千方百計，唯以護持此形軀之存在爲事矣。人在此千方百計之用心中，其智巧亦未嘗不可無限而無窮，而人亦同時視此形軀爲無限重要者。此亦爲依於人心之無限性之顚倒而有者也。

丙、常人之人生觀尙有之一顚倒見，卽爲對已成事實，皆加以合理化，而以事實所在卽價值所在之見。夫事實不同于價值，義本易明，人一加思索，無不能知之者。如一山水之存在，事實也；山水之美而可觀賞，此價值也。事實可謂純屬客觀而外在，而價值則必呈現于主觀之心靈。事實之如此，乃實然，價值之如此，則兼當然。事實有不合價值之標準，或具反價值負價值者，故實然者不必皆當然，而實然者乃恒待于人之加以改造，方合乎當然。此固皆義至易明者也。然自另一方面言之，則人之一深植根于其心之傾向，卽以實然者同於當然，以事實之所在卽價值之所在；乃於其表面明無價值或具反價值負價值者，皆宛轉曲解，以證其有價值。竟至以一切事實之實然，皆爲當然而合理，更無待於人之加以改造。於是人乃無往不事苟安，或竟以隨俗浮沉，阿諛權勢，爲立身之計，而名之曰，順應潮流，承認現實。而哲學家中之以宇宙間一切之現實與歷史之潮流，皆為合理，謂實然即當然者，亦大有人在。此皆同為人之顛倒之見者也。此顛倒之見之原，蓋唯由事實之具價值者，人既遇之，而一念又忘價值之標準之在我，遂視此價值唯橫陳於事實之中，如一客觀而外在之對象。此已為緣於一主客錯置而生之顛倒見。於是人乃進而以事實所在即價值所在，既有此執，乃於其明無價值而具反價值負價值者之事實，亦必宛轉曲解其有價值，以自護其執。至於由此再進一步，以一切之現實，歷史之潮流皆為合理者，則緣於人心之具無限性，故必於「事實所在即價值所在」之義，無定限的加以普遍化，而據之以觀古往今來之一切現實事物之流行之故也。此亦實即依於人之心靈之無限性，而有之最大的顛倒見也。

丁、人之宇宙觀及人生觀中，另一種顛倒見，與唯物論似極端相反，而與以價值屬於客觀外在之存在事實之說相近者，則為視人之生命心靈與精神所求之無限無窮之眞理美善神聖之價值，皆超越外在於人之上，以屬於天國或神或上帝，而為人之自性中所本來無有者。此乃原於人之將其自性中實本來具有之無限無窮之價值，皆全部推讓於超越而外在之天國上帝與神而生之顛倒見，而恒為世俗之宗教家之所持。緣此顛倒見，而人之自觀其人生，遂尚不止於如唯物論者視為初無價值意義，而是視吾人之人生，唯是充滿罪惡與孽障，而具負價值反價值之意義者。夫此類宗教家謂一切價值，皆屬於超越而外在之天國與神或上帝，而又欲勸化世人，使其聞此來自超越外在之世界之福音，實依於望人之改悔，而亦預設人之改悔之可能，即：人有其能改悔以嚮往眞理美善神聖之天性。如離此預設，則人將永無得救之期。吾人亦論之屢矣。而彼宗教家之所以為此言，如非姑作為方便之辭，使人自知其罪惡與孽障之深，而痛自湔洗，而視為誠諦之言；則此宗教家，即斷然為自陷於顛倒見者。而此顛倒見之根原，則在其外顧世間，內顧己心，皆唯見一片染汚黑暗，更無清淨與光明，而不可一日居。於是其嚮往清淨光明之心，卽冒此世間與己心而出，以遠颺於外；而一冒之後，黑暗復生，此求光明之心，遂中懸於外，如非我有，與我脫節；唯有望彼天光，以求依恃，而資接引；乃自迴顧其初之嚮往光明之心之發，亦只視如由神心呼喚，聖靈感動，非由己出矣。此皆在宗教心理上，非不可理解。緣此心理以立說，則此顚倒之見，卽自然成就。至此見之所以必須視爲顚倒見者，則由其所依以立說之心理，雖一面冒出求光明之心，而實未能念念相續，泉原不竭；乃才一冒出，卽如爲繼起之黑暗之生起，加以驅走，遂唯有中懸於外，更無歸路，乃悵望天涯，冀彼天光。人之有此心理，卽其罪孽深重之符徵；而由此心理所生之思想，亦爲其罪孽深重之表現。人在此之全不自覺其己心之具有內在之光明，而唯求遠接彼超越外在之天光，更不自覺其能見此天光之光，必然由己心而出，且必與天光之大小，如如而相應。今乃併此光，而客觀化外在化之，則此天光卽爲吾人之自心之光明所投之一虛影之所覆蓋，而吾人視此虛影所覆之天光，爲吾人之所托命，與吾人自己之所在，而不知由自覺其內在之光明之泉原，直接求超化其內在之黑暗，以自開拓其光明；此卽爲一高級之顚倒。此種高級之顚倒，與彼好色貪財者之求其自體之無限量，於其外之財富美色享用之無限量之中，雖高下有殊，不可道里計；但其爲忘己而務外徇物，不免于追逐其自體之倒影於外，以成爲人之顚倒性之一表現，則均也。

（八）非常心態中之顚倒相

緣上節所論，吾人尚可次第及於世之宗教家哲學家及常人之宇宙觀人生觀中之各種顚倒見，如佛家所謂我執法執，卽皆爲顚倒見之所成。吾人亦尚可廣論一切哲學上之詭辯及邏輯數學與形上學中之詭論，如關於無限數及自相矛盾之詭論，皆根於顚倒見而起。唯凡言及宇宙觀人生觀及人之知識中之顚倒見，人皆罕能直下心服，而不兗於諍論，遂成爲哲學上之專門問題。卽上節所陳四者，人亦可生諍論，今不擬再多及。然要而言之，此各種顚倒見，皆各爲常人之顚倒相之一端，而常人之顚倒相，亦尙皆爲較單純易解者。人生最複雜深邃之顚倒相之表現，則爲在人之非常心態中，如心靈之變態或病態中，及天才與非常人物之心態中之顚倒相。此則要皆爲：由人之不自一般所謂現實之人生活動及現實世界之事物之存在中，求自見其自己；乃反而與其一般之現實之人生活動及現實世界，若發生一脫節，而與之超離，乃於現實世界事物之不存在處或虛無處，引生出之心態，此諸心態之奧秘，恒非理智之光之所能測，吾人今更不能盡論，下文惟擧其基本之形態三者以爲例。

甲、一種非常心態中之顚倒相，爲以意想中之可能者爲現實而生之顚倒相。依一般之見，意想中之可能者，唯呈於內心，而所謂現實之事物，則兼呈於外覺。然依一般之見，又皆知當人之外覺既閉，如入睡之時，則平日意想中之可能者，其呈于夢魂，卽皆宛如外覺所對之現實。是卽證明，凡意想中可能者，皆可視如現實。如詩人之恒作白日的夢，而視夢境如眞是也。然人作夢時，雖不自知其爲夢，然因其有出夢之時，則夢醒仍自分明。而在一非常心理中，則可於醒時，將意想中之可能者，當下立卽客觀化之爲一外在之現實；再想一可能，又立化之爲一現實；而其轉化之幾，或竟可速如電光，以造成一天羅地網，非人力之所能逃。憶吾於青年時，不特身體多病，心靈亦多病，疑竇之起，迷離莫測。玆隨文姑擧出使我生大苦惱之二事，一者我嘗疑我已不識字，所識之字，皆忘去淨盡。此明爲可能之事。而此可能，一日忽如對我頓成現實，覺我已目不識丁。乃持書而讀之，以自證仍能識字。然將書放下，前疑又生，覺此方才自證能識之字，已卽遺忘。此仍爲可能，我又復爲一目不識丁者。乃再讀前書，如此者至三至四，終不能自證我所識之字之不忘。而我已成目不識丁之感，亦盤旋於前，而久不能去，遂生大苦惱。二者同居之人有失財物者，此明非我之所盜。然我忽念，彼亦有疑及於我之可能，而此疑亦立卽頓化爲現實，而我亦如忽化爲彼判斷爲盜彼財物之人。我乃故作他言，以求自去我之心理病態。然方作他言，則我又念彼有疑我之作他言，乃以自掩飾之可能，此可能又頓化爲現實，而如見彼在疑我之掩飾。於是我又更作他言，而我更念：彼仍有疑我以此他言，掩飾我方才之掩飾之可能……。此中，我所念爲可能者之化爲現實，卽速如電光，如傾篋而出，以成一天羅地網，亦使我生大苦惱。對此二苦惱之根，吾嘗思之而重思之。吾初思其皆原於吾之無自信，及不信人。繼思此乃原於我之畏我成爲目不識丁者，又畏人之說我爲盜。此乃由於我之貪爲一識字之人，與貪美名而恐惡名之及於我身。最後乃思及，此我之不識字以及爲盜，原亦各爲一可能之事。人固隨時可瘋狂而不識字，而人之深心中固亦皆原有爲盜之種子與可能也。此二可能，原自可畏，亦非不能現實化者。吾人平日之不思其爲現實化者，唯以在吾人在想此二可能之時，知其唯在意想中，而持之以與其他吾人視爲現實之事物，相對較而觀，彼乃虛而非實。然吾人之心靈，若忽然與吾人所視爲現實者相脫節，而唯注視此可能，而沉入其中，則凡所思之可能者，卽皆當下頓成現實。人之作夢與詩人之白日的夢，亦由此脫節而有。唯其入夢，不由於自覺心中之疑而起，出夢時又復自知，故夢醒遂不相雜，而歷歷分明。而上述心靈病態，則初卽依於人之自覺的心中之疑而起。此中，人之心靈與現實者之相脫節，亦初爲人之自覺的心中之疑之所爲。疑之所佈，如雲如霧，凡有者莫不可無。疑之所着，爲鬼爲蜮，凡無者莫不宛有。疑可掩蓋彼現實之一切事物以成虛，而托舉彼意想中任何可能者以成實。疑之所自生，並不必皆有所以疑之理由，其外緣雖恒在人之不知應付現實事物之道，失其相與感應之機，而疑雲頓起，致而有上述之一脫節；而其根原，則正在超越的心靈之原具無限性，故能超越一切現實事物之限制而莫之信，幻游於任何之可能者而視爲眞。然其所以幻游於此可能者而非彼可能者，則又由人心底之欲望、貪戀、畏怖，及其他或染或淨之業力之所牽往。此業力之和，卽人心底之意識之世界。因各種業力之强弱，與伴助之緣不同，而牽往之處亦無定。此一一之可能與業力，自其自身而言，又皆各爲一有限者。唯此具無限性之超越的心靈，爲此心底之一一有限者之所牽往而吸注，以沉陷顚倒於其中，乃有此幻游，而以此幻游者爲現實，故仍皆爲人生之顚倒相之表現。唯此種顚倒相之表現，亦不必導致世俗之煩惱苦痛，更不必導致一般之罪惡，而天才之幻游，更可見人之所不見，知人之所不知。唯因其兼以幻游之境界代現實，遂恒導致一特殊之人生疑情，與生活上之悲劇。而古今天才之詩人、藝術家、哲學家之悲劇，亦皆恒多少少由其所幻游之境代現實境而來者也。若人將此幻游境與現實境，相代相錯雜，而更無一念知其分別，人卽入於瘋狂。此卽天才與瘋狂之所以鄰近。至能出入於幻游境與現實境，而不使之相代相錯雜，而去此中之顚倒者，則天才而聖者矣。

乙、再一種非常心態中之人生顚倒相，可稱之爲虛無幻滅之感中之顚倒相。人生而有欲，欲而不得，或得而復失，皆有虛無幻滅之感。然此虛無幻滅之感，恒暫而不能久，及其欲之再得，則此感又一遁而無迹。人更高級之虛無幻滅之感，則非由欲而不得，或有所失而生，而可直由其得而復得而生。如人之好利好名者，其以利生利，以名致名，而利日以增，名日以盛，可相引而無盡。此一般好利好名之人樂之而不疲者也。然今有人焉，如一朝自反省其貪逐此無盡之名利之歷程，而自知其名利之增盛，步步皆不能自足，每一步之名利，皆爲過渡至下一步之名利之手段，而下一步則恒在未來，而非已之所有；則可頓然悟到，此名利之增盛之歷程，似步步有得，而實無所得。於是可一朝而照見其一生求利求名之虛幻。然由於彼平生之所習，又未嘗眞知名利以外之人生目標；則當其照見此求利求名之虛幻後，卽將嗒然如喪考妣，如游子無歸。此卽爲一更高級之虛無幻滅之感。再一種更高級之虛無幻滅之感，則爲人之求眞求美求善者亦可有者。如彼求眞美善者而覺眞美善無窮盡，又見昔所謂眞者，今則爲妄，此以爲美者，彼則以爲醜，及各種善之觀念與行爲之相衝突，此亦可使人於一切眞美善，皆覺不堪寄心，而視若皆無足尊信，而於眞善美之價値世界之存在，亦生一虛無幻滅之感。又一種高級之虛無幻滅之感，則由對自己之人生存在與其他一切存在，在異時異地或更換一觀點，加以觀看時，覺其皆同於不存在，遂卽產生者。如我生於廿世紀而居香港，於廿世紀與香港觀我，我固在，然離香港以觀我，則上下四方，我皆無有；離廿世紀以觀我，則古往來今，我亦無有。我爲人，於人中觀我，我固有；而離人以外，則萬物中皆無我。今我果周遍世間以求我，則有我之處實至少，而無我之處則無限而無窮。此亦卽吾人上文第七節所言之我之人生之爲有限之一義，吾人亦未嘗全加否認也。然此實尙非只爲我之人生之有限之問題，亦爲我之人生畢竟爲有爲無之問題。若我今只求我於無我之處，則我卽畢竟無有。匪特我可爲畢竟無有，而吾人求任何物于其所無之處，其物皆同爲畢竟無有。簡言之，卽吾人果將一切存在之事物，皆一一參伍更互以求之，卽世界卽成一片虛空。而凡吾人所求者不在其處之處，其處之物雖在，匪我所求，亦同於虛空。若然，而果我之人生，專注於我之一所求，而此所求又不能得之於此世間，則匪特我所求者爲虛空，而全世界之物亦成虛空矣。白居易詩曰：「同心一人去，坐覺長安空。」因其所求者，唯在與同心一人相伴而已，彼不在長安，則長安空矣。

然以其人去他處，故長安雖空，而世界尚不空。如其人已逝，另無同心之人，堪求之物，則世界亦空矣。

凡上述之種種之虛無幻滅感，皆人情所常有，並依其所自生，而各有其特殊之情調意味，辛酸苦辣，互不相同，而其表現爲虛無主義之文學哲學之形態，亦極其複雜。然自此虛無幻滅之感，對身當其境者之效應而觀，則苟有一焉，刻印於心，充極其致，吾人之起居食息，卽皆成百無聊賴，味如嚼蠟；寢至形若槁木，心若死灰；再寖至覺宇宙如一大墳墓，天似棺材蓋，地似棺材底，吾身在世間，如行屍而走肉；眼前唯見一茫茫昧昧而又滄滄涼涼之「虛無」，以寒澈吾人之此身與此心。然實則在此虛無幻滅感之底層，則有吾人之被阻滯之情欲焉，相盪相推而相代之追求焉，相矛盾衝突之價值感焉，相參伍更互而相否定相抹殺之存在事物焉。唯其皆相盪相推相代、相矛盾衝突、而相否定抹殺也，乃初雖爲此心靈所涵具，而終歸於隱覆，以退藏於幽密，而冒陳於人目之前者，乃只此一片虛無而已。雖然，此虛無之自身之宛然有相，又非此諸底層之事物之所致，其原亦在超越的無限量之心靈之「虛靈性」。唯此虛靈性，非遍運於天地萬物人生萬事而虛靈不滯之性，亦非透明觀照萬物之虛靈性，更非涵蓋乾坤之虛靈性，乃只虛而不靈，亦虛無而滯。其滯在其所涵覆者，皆相膠結而相梗塞。其涵覆之功，如古詩所謂「天似穹廬」，以「籠蓋四野」之沙漠，更無潤澤之德；而彼相膠結與相梗塞者，則生機可以相抵制而閉息。故此呈於前之虛無之無限，實爲一荒漠之無限，此荒漠之無限，乃由其所涵覆之諸有限者之生機之相抵制，所拱戴而凸陳者。此亦卽人之心靈自身中之諸可能之相抵制，而更無眞實之表現時，所投出之一陰影。當心靈有眞實之表現時，其表現之相繼而無窮，卽見其兼具能此亦能彼之德。當其沉陷于一特種表現時，乃能彼而不能此；又或求化其此或彼之有限者，以成爲無限者，至當其所能者皆相梗塞抵制，而無眞實表現時，則爲「此」者如只投射一陰影，以無（動辭）「彼」，爲「彼」者，亦如唯投射一陰影以無「此」；乃既不能此，亦不能彼，而只現一非此非彼之純否定，是卽純虛無也。故此虛無，亦卽心靈原兼具之能此能彼之德，在彼此相抵制之狀態下，而自隱覆時，所投出之陰影也。此陰影，亦其倒影之一。唯此倒影，以其純屬一虛無，而唯是以虛無相爲相，故不同其他倒影恒附於一有限者，有特定之相耳。

丙、又一種非常心態中之顚倒相，吾無以名之，可姑名之爲魔暈之虛無心態中之顚倒相。此乃人之利欲存主於內，而外運一純否定之精靈之所成。如魔王居中，外呈光暈，而此光爲虛無之死光，凡遇之者，皆形銷骨化。此種心態，實人之所有，唯充極其量者，亦不數數覯。此乃人心中之地獄之坎底，蓋亦卽人生之罪惡之極峯，此與天堂之頂，同非人跡之所易到。然此心態之淺者，初只呈現爲一種油滑相。油滑之人，非復難遇，而油滑之心，吾人亦皆有之。所謂油滑者，卽於一切客觀事物之存在與價值，無一有眞實之肯定。凡其所似肯定者，皆方卽而旋離，而無足感動彼而入於其心，又如凡往感動彼者，到其心前，卽便滑落。此心於世界無眞好、無眞惡，而恒自旋轉，便成一虛無之光暈，足以否定其外之一切價值與存在。然彼油滑而自旋轉之心，則內另有所護藏，此卽其中心之私欲。彼對此私欲，實膠固堅執，雖毫髮亦不視爲虛無；唯慮其外有奪其所有者，故宛轉迴護，而外運否定之精靈，自造一光暈以自保；而其生命遂得如丸之轉，以滑行於世界之中，又如外塗油，使無能攫握之者。此乃以內之所膠固堅執者爲存主，而外現一虛無否定之心態，故不同於上節之虛無心態也。

唯上述之油滑之心態，旣唯在求自保，卽亦未嘗傷人。而人之運否定之精靈，以接世界之事物之另一型態，則爲人之緣其私欲以生怨毒，對阻其私欲者，生瞋恨殺害之心。此瞋恨殺害之心，非特以自足私欲爲目標，而是兼以見彼所瞋恨殺害者之不存在而虛無化之本身爲樂。怨毒之發，連類所及，人所瞋恨殺害者，乃不知伊于胡底。故殺人之一身未足，並夷其族、墟其城、鞭其屍，以其頭顱爲飲器，而意猶未已。此實生于人之運此否定之精靈，以徹入于所敵對之人物與世界之中，而再任此否定之精靈之長驅直入，以爲大樂之所存。而常人之幸災樂禍，則事屬于一類，唯小巫見大巫，又不可同日而語耳。

然人之運否定之精靈所成之罪惡，更有甚于上之所述者，此則爲如彼好權之野心家，造成一鐵桶天下之罪惡。此鐵桶天下之造成，不必直接由其對任何人之殺害瞋恨及制裁與控制，而唯是設一格局，以使人與人互相制裁、互相控制、互相瞋恨、兼互相恐怖他人之殺害。此乃原于利用彼人與人之互相否定限制，以使人之外表皆如鐵屑之相吸，而實則互相縛束，皆不能動彈，遂得結成一鐵桶之天下。彼好權之野心家，乃得高居于上，而不虞人之叛逆，以肆其大欲。此鐵桶之天下，自外表而觀，亦可如海宴河清，光滑無事，而實則陰森暗淡，荒漠虛無，而唯是一否定之精靈之光暈之所慘照，而光暈中坐者，則爲魔王。此則爲人道之最大之顚倒，依于好權之野心家之非常心態，運其大否定之精靈而客觀化之，以與一般之人與人之相限制否定中之諸小否定之精靈，相結納之所成，如古今中外之極權政治是也。而凡世上用人與人相制衡之權術，以處世成事，自便其私，而非以此制衡，成就義道，使人各得其分者，亦同依于一心態。其中之機巧變詐，亦複雜萬端，唯與上述者相較，又有小巫大巫之不同。此則吾等常人一念顚倒，依其世俗之聰明，皆能有之者。是見上述之魔王，亦未嘗不窺伺于吾人之心底，而人皆可殞于深淵。嗚呼危矣。

（九）人生之復位

吾人于上文論五類之人生之顚倒相，固尙有不能盡。然大體上已足見。人生斯世，實無往而不可自陷于顚倒，而實亦時時處處，皆生活于種種顚倒之中。然于顚倒者，觀其顚倒，乃正見而爲非顚倒。反之，于顚倒者視爲正，則此本身，實已是顚倒。而世之學者，更多不能免此。此又爲人生顚倒之一種。復次，于顚倒觀爲顚倒，雖爲正見，然顚倒之本身，却仍只是顚倒。顚倒乃邪而非正，顚倒亦枉而非直。故由人生之顚倒，以觀人生，人生實大皆爲邪生而非正生，爲枉生而非直生，此亦卽人生之所以可厭、可嘆、可悲、可憐之故。自此而言，則人之生也，亦有不如無，苟有大魔王出，加以斬盡殺絕，其事雖酷，亦可使一切可厭、可嘆、可悲、可憐之事，皆歸于寂，而一切罪惡、煩惱、悲劇之染汚，皆歸于淸淨。然斯言也，亦爲吾人之顚倒見，此又不可不察。蓋宇宙如果有生人之理，則人類絕滅淨盡以後有宇宙仍將再生此人類，而一切可厭、可嘆、可悲、可憐之事，仍將再現，罪惡煩惱悲劇之染汚，仍將再來，反復輪迴，終無了期。原吾人之所以望人生之淸淨，唯出自吾人內心要求此人生自身之淸淨。今不從事于致此淸淨，而以無人類之存在，爲世間之淸淨，此明爲求此淸淨之虛影，于外在之世間，此正依于吾人之心願之顚倒。而此無人類之世間之淸淨，又實不能與吾人內心之初所要求之人生自身之淸淨，相應合也。夫然，故人類之斬盡殺絕，亦不足以解決吾人之問題。吾人之問題之解決，仍唯有自如何致人生自身之淸淨，以由邪生以成正生，由枉生以成直生之本身上用工夫，而別無捷徑之可尋也。

人如何可致自身之淸淨，由邪生以成正生，由枉生以成正生？此其道亦無他，卽去一切人生之顚倒見顛倒相，而拔一切顛倒性之根，以使人之具無限性之心靈生命之自體，復其正位而已。而此事，亦固自有其可能之理在。

緣吾人上文之說，固極狀人之顛倒性相之為害，然亦自始肯定此人之能顛倒者之自身，亦超越于一切顛倒性相之上，而非卽此顛倒。一切顛倒之所依，如分別而觀之，亦皆初非顛倒。蓋一切顛倒之所依，乃在吾人之上有超越而具無限性之心靈，而此心靈又必求表現為現實之有限者；一念沉淪，順此有限者之牽連，遂欲化此有限者成無限，往而不返，卽成顛倒，而唯求自見其自身之無限之倒影于外。如人之好利、好色、好名，及對于眞美善等之執一而廢百，及一般之宇宙觀人生觀之顛倒見，如上述之第二三種，皆同根于此者也。至于非常之心態中顛倒相，則或由于以意想中之可能者與現實者之相與錯代；或由于所涵覆之諸有限者之相梗塞抵制，以唯見一虛無；或由于人之運否定之精靈，以成一虛無之魔暈；則皆由超越的心靈之阻塞其自然之表現于有限之現實之路道，亦皆原于諸現實之有限者，失其相與感應之機，皆被壓抑而隱覆，而有限者與無限者之關係，乃成虛脫。上述之宇宙人生觀中之第一種之視無限之宇宙，純然在外，與第四種之以價值之根原，惟在超越外在之上帝等，亦表現此虛脫者也。夫然，故去此人生一切顛倒性相之道無他，卽任此無限之心靈之表現寄託于現實之有限，而又不使此無限者沉淪入有限，而使有限者皆還其為有限，以相望而並存；復使無限者亦還其為無限，以昭臨于有限之上；則皆得居其正位，以直道而行，而人生亦更無顛倒，其生亦皆為正生而非邪生，直生而非枉生矣。

今將此無限者還其為無限，有限者還其為有限之原則，落于實際，以論人生之實事，則義非玄遠，而至平易。夫人之生也，自其現實之生命存在、各種活動、與其所有者而觀之，實無非有限。壽命百年，有限也；七尺之軀，有限也；生于此時此地，不生於彼時彼地，有限也；遇如此父母兄弟、山川人物，而非如彼之父母兄弟、山川人物，亦有限也；得如此之名利勢位，而非如彼之名利勢位，又有限也。眞理美善神聖之價值無窮，而我所知所行，亦只如此而非如彼，是皆同爲有限。此有限，卽世間之存在者之節限，亦世間存在者之命運，爲萬物所不能免，亦古今四海之人所皆莫能免。卽窮吾人之努力，以與如此如此之節限命運相抗，而欲逃脫之，使吾之人生由如此如此而如彼如彼，則此如彼如彼，仍爲一有限，其爲吾之人生之節限與命運也如故。則此人有節限命運之一原則，人終莫能抗，亦終莫能逃。跳死猢猻，仍歸套裡。愚者疑之，智者知之，而賢者安之。此之謂有限者還其爲有限。然人在另一方面，則其能知此有限而安此有限，其心靈卽已超此有限，而足自證其非任何有限者之所能限。我之壽命固只此百年，我亦只有此七尺之軀，又只生于此時此地，而不生于彼時彼地；然此百年七尺以外之千尋百丈，萬年億載，我之心靈固亦知其有；上天下地，往古來今，同爲我之心量所涵，則此心量，固無限也。我只遇此父母兄弟，接此山川人物，固有限，然我之心靈，實亦知天下人皆有其所遇之父母兄弟焉，所接之山川人物焉。此心靈之量，固非我父母兄弟山川人物之所能限也。以此推之，我之名利勢位之外，有他人之名利勢位焉；我所知所行者之眞理美善神聖之價值之外，有無窮無盡之眞理美善神聖之價值焉；亦我之知其無窮無盡者，而亦見此心量之無限者也。人果能隨處自證此心量之無限，以觀其現實之生命之存在中之有限，亦觀他人之現實之生命存在中有限；乃使有限者，皆各成其限，仁也；使有限者相限，而各得其限，義也；使有限者互尊其限，禮也；知有限者之必有其限，智也。而我之此仁義禮智之心，則意在曲成天下之有限，亦卽自成其爲無限。又我有此仁義禮智之心，人亦有之，充極其量，則又皆同其無限，更無相互之節限之可言；而以我之此心通人之此心，卽仁也；謂人我同具此心，卽義也；以我之此心，自敬，而敬人之此心，禮也；知人我皆有此心更不復疑，智也。我有此心，人有此心，而同其無限量，以相攝相涵，而此心之廣居，在人我之中，亦在人我之上，而人我皆天之所生；則此心亦天之所與，天與人此心，而人再奉獻之于天地，不私之爲人之所有，則人皆得自見其心之卽天心矣。知其心之卽天心，以還顧其有限之生命存在，則此有限生命之存在，皆依此無限量之卽己心卽天心，以生以成，而爲其昭露流行之地；則有限者皆無限者之所貫徹，而非復有限，以渾融爲一矣。而一切顚倒之非人之本性，在究竟義爲虛幻而非眞實，亦至此而見矣。然人之知此義，仍當自使有限者還其爲有限、無限者還其爲無限，以使有限者與無限者，各居其正位，以皆直道而行始。

（十）復位之難與易，及天堂與地獄之結婚

吾人於上節，已言人之去除一切顚倒之可能之理。稱理而言，有理則有事。理易明，則事亦不難致。然卽事而說，則人欲去其一切顚倒，實難乎其難。夫人生固有正位居體之一境，聖賢是也。人果能有見於心靈之無限者，固皆可反觀其此心，稱理而試寫描摹此境之言，如上文所描摹是也。然描摹此境，托之於思想之中，陳之於名言之際，知及不能仁守；而或自謂吾知已及，更不須仁守，乃以自玩其知及之境爲事，以逞玄言，則此又成一高級之顚倒矣。然人不描摹此境，而只存之於心，以與世相接者，見彼世人之卑賤汙陋，乃不能無亢舉與我慢；而當其以拔乎流俗之心與流俗相周旋，舉步皆成滯礙，又難免於矜持與意氣。此亢舉、我慢、矜持、意氣，其狀皆至詭，而可遍運於人生之由下至高之一切活動與心境之中，而實無特

定之內容者。亢舉我慢之狀如溢如沸，矜持之狀如握，意氣之狀如撲；乃皆原於無限量之心氣之顛倒，而或凸陳於當下之有限之活動之上，或膠聚於一有限之自持之事之中，或欲自一有限之活動中鼓湧奮迅而出者。此又恒各爲一高級之顛倒。人之欲去此二顛倒者，則又或更無嚮往，以同乎流俗，而流俗之心，又自有其顛倒。是見人之欲免於顛倒者，乃恆纔出於此，又入於彼，前面拒虎，後門進狼。道心惟微，人心惟危，危微之幾，一念而天旋地轉，上下易位，誠哉其難也。至於人之才智愈高者，其心思之所及者，亦愈博而愈廣，愈銳而愈堅，其人生之顛倒相，亦至繁而至賾，愈強而愈烈；如頭重者，足乃愈輕，而動輒皆成顛倒，斯其見道愈易，亦行道愈難，尤可爲深慨。此卽世間宗教家之痛陳人生之妄見、無明與罪惡，以明人道之艱難之所以爲可貴也。然宗教家又或謂人生通體是無明與罪惡，而非人力之所能拔，此又爲一執人生之顛倒性相而生之顛倒之見。不知一切無明與罪惡之根，唯是此顛倒性相，而此性相之本身，則又另無所根。又依此顛倒之可去之理，則顛倒性，卽畢竟非人之本性；而人之心靈之有此顛倒者，其自身之本性仍實未嘗顛倒。至人生之一切顛倒相之無窮無盡而無限，此無限，實仍取資於此心量自身之無限而有。在一切顛倒中，人心所表現之力量，如一往沉陷于私欲偏執中之力量，及非常心態中一切有限者，相與錯代梗塞抵制，而相矛盾否定之力量，亦同原自此心量。顛倒如水之逆流，而逆流中之水，卽正流中原來之水。顛倒如人身之毒瘤，然毒瘤中之細胞，卽健康之人身中之細胞。顛倒極於瘋狂，而瘋狂者之思想中之觀念，卽其平日之觀念。知逆流中之水，原是正流中之水者，乃能導逆流以歸正流。知毒瘤中之細胞，乃人身中之細胞，而使之還歸人身之他部者，亦必能治毒瘤。人之治瘋狂者，亦唯有自疏解瘋狂者心理中之觀念之糾結，使之各還其位始。故能知一切顛倒無明與罪惡所由構成之成份，初非顛倒無明與罪惡者，亦卽能去顚倒。而知顚倒之能去，亦卽知人之心靈之本性非顚倒。故上述宗教家之言，仍有一間未達。唯人之實求去其顚倒之工夫，又首賴於上所謂如實深觀人生之顚倒相，而對之有如實知；宗教家之痛陳人生之妄見、無明與罪惡之言，吾人亦皆可取爲成就此如實知之所資。如實知顚倒，卽能不顚倒，如佛家之言知煩惱卽菩提，知無明卽明；則遍觀邪生，卽知正生；遍觀枉生，卽見直生；深緣地獄，卽見天堂；一切宗教家窮彼地獄之相者，皆爲儒學之一端。西方有詩人柏來克者，嘗作詩名天堂與地獄之結婚，蓋謂此人間卽天堂與地獄結婚之所，竊謂天堂如父，地獄如母，地獄生子，還以天父爲姓，以住人間。然天父若不能如佛之住地獄，而起大悲，又烏能生子？此卽在一切宗教家言中，佛義之所以爲深遠。唯吾於此諸義，亦不能描摹過多，自陷顚倒。本篇文止此，本書止此，仍望讀者觀前諸篇文所陳者爲幸。

五十年七月廿八日

唯依此物質之銷化，吾人之生命心靈精神之活動，乃得生生而不已，其間之關係，固至微而至妙；然要不可言我之生命心靈精神，與我之所以爲我，卽同於此物質之形軀。然人依其日常之生活所成之習氣，又恒使之直覺其自我如卽此物質之形軀，故生心動念，唯以護持此形軀爲事，關照警惕，千方百計，無微而不至。此蓋初原於我之生命心靈精神之活動，既賴此形軀之物質之銷化而後有，亦卽賴於先有此形軀之物質，以資銷化，故人之加以護持之事，亦理所不免。然人一念昧其所以護持此形軀之目標，而專以護持此形軀爲事，此護持之事，卽成一習氣；遂謂緣此形軀之物質之銷化，而有之生命心靈精神之活動，皆此形軀所孳生；人卽墜入唯物論之人生觀，而其心思，卽轉而千方百計，唯以護持此形軀之存在爲事矣。人在此千方百計之用心中，其智巧亦未嘗不可無限而無窮，而人亦同時視此形軀爲無限重要者。此亦爲依於人心之無限性之顚倒而有者也。

丙、常人之人生觀尚有之一顚倒見，卽爲對已成事實，皆加以合理化，而以事實所在卽價值所在之見。夫事實不同于價值，義本易明，人一加思索，無不能知之者。如一山水之存在，事實也；山水之美而可觀賞，此價值也。事實可謂純屬客觀而外在，而價值則必呈現于主觀之心靈。事實之如此，乃實然，價值之如此，則兼當然。事實有不合價值之標準，或具反價值負價值者，故實然者不必皆當然，而實然者乃恒待于人之加以改造，方合乎當然。此固皆義至易明者也。然自另一方面言之，則人之一深植根于其心之傾向，卽以實然者同於當然，以事實之所在卽價值之所在；乃於其表面明無價值或具反價值負價值者，皆宛轉曲解，以證其有價值。竟至以一切事實之實然，皆爲當然而合理，更無待於人之加以改造。於是人乃無往不事苟安，或竟以隨俗浮沉，阿諛權勢，爲立身之計，而名之曰，順應潮流，承認現實。而哲學家中之以宇宙間一切之現實與歷史之潮流，皆爲合理，謂實然卽當然者，亦大有人在。此皆同爲人之顚倒之見者也。此顚倒之見之原，蓋唯由事實之具價值者，人旣遇之，而一念又忘價值之標準之在我，遂視此價值唯橫陳於事實之中，如一客觀而外在之對象。此已爲緣於一主客錯置而生之顚倒見。於是人乃進而以事實所在卽價值所在，旣有此執，乃於其明無價值而具反價值負價值者之事實，亦必宛轉曲解其有價值，以自護其執。至於由此再進一步，以一切之現實，歷史之潮流皆爲合理者，則緣於人心之具無限性，故必於「事實所在卽價值所在」之義，無定限的加以普遍化，而據之以觀古往今來之一切現實事物之流行之故也。此亦實卽依於人之心靈之無限性，而有之最大的顚倒見也。

丁、人之宇宙觀及人生觀中，另一種顚倒見，與唯物論似極端相反，而與以價值屬於客觀外在之存在事實之說相近者，則爲視人之生命心靈與精神所求之無限無窮之眞理美善神聖之價值，皆超越外在於人之上，以屬於天國或神或上帝，而爲人之自性中所本來無有者。此乃原於人之將其自性中實本來具有之無限無窮之價值，皆全部推讓於超越而外在之天國上帝與神而生之顚倒見，而恒爲世俗之宗教家之所持。緣此顚倒見，而人之自觀其人生，遂尙不止於如唯物論者視爲初無價值意義，而是視吾人之人生，唯是充滿罪惡與孽障，而具負價值反價值之意義者。夫此類宗教家謂一切價值，皆屬於超越而外在之天國與神或上帝，而又欲勸化世人，使其聞此來自超越外在之世界之福音，實依於望人之改悔，而亦預設人之改悔之可能，卽：人有其能改悔以嚮往眞理美善神聖之天性。如離此預設，則人將永無得救之期。吾人亦論之屢矣。而彼宗教家之所以爲此言，如非姑作爲方便之辭，使人自知其罪惡與孽障之深，而痛自湔洗，而視爲誠諦之言；則此宗教家，卽斷然爲自陷於顚倒見者。而此顚倒見之根原，則在其外顧世間，內顧己心，皆唯見一片染汚黑暗，更無淸淨與光明，而不可一日居。於是其嚮往淸淨光明之心，卽冒此世間與己心而出，以遠颺於外；而一冒之後，黑暗復生，此求光明之心，遂中懸於外，如非我有，與我脫節；唯有望彼天光，以求依恃，而資接引；乃自迴顧其初之嚮往光明之心之發，亦只視如由神心呼喚，聖靈感動，非由己出矣。此皆在宗教心理上，非不可理解。緣此心理以立說，則此顚倒之見，卽自然成就。至此見之所以必須視爲顚倒見者，則由其所依以立說之心理，雖一面冒出求光明之心，而實未能念念相續，泉原不竭；乃才一冒出，卽如爲繼起之黑暗之生起，加以驅走，遂唯有中懸於外，更無歸路，乃悵望天涯，冀彼天光。人之有此心理，卽其罪孽深重之符徵；而由此心理所生之思想，亦爲其罪孽深重之表現。人在此之全不自覺其己心之具有內在之光明，而唯求遠接彼超越外在之天光，更不自覺其能見此天光之光，必然由己心而出，且必與天光之大小，如如而相應。今乃併此光，而客觀化外在化之，則此天光卽爲吾人之自心之光明所投之一虛影之所覆蓋，而吾人視此虛影所覆之天光，爲吾人之所托命，與吾人自己之所在，而不知由自覺其內在之光明之泉原，直接求超化其內在之黑暗，以自開拓其光明；此卽爲一高級之顚倒。此種高級之顚倒，與彼好色貪財者之求其自體之無限量，於其外之財富美色享用之無限量之中，雖高下有殊，不可道里計；但其爲忘己而務外徇物，不免于追逐其自體之倒影於外，以成爲人之顚倒性之一表現，則均也。

（八）非常心態中之顚倒相

緣上節所論，吾人尙可次第及於世之宗教家哲學家及常人之宇宙觀人生觀中之各種顚倒見，如佛家所謂我執法執，卽皆爲顚倒見之所成。吾人亦尙可廣論一切哲學上之詭辯及邏輯數學與形上學中之詭論，如關於無限數及自相矛盾之詭論，皆根於顛倒見而起。唯凡言及宇宙觀人生觀及人之知識中之顛倒見，人皆罕能直下心服，而不免於諍論，遂成爲哲學上之專門問題。即上節所陳四者，人亦可生諍論，今不擬再多及。然要而言之，此各種顛倒見，皆各爲常人之顛倒相之一端，而常人之顛倒相，亦尚皆爲較單純易解者。人生最複雜深邃之顛倒相之表現，則爲在人之非常心態中，如心靈之變態或病態中，及天才與非常人物之心態中之顛倒相。此則要皆爲：由人之不自一般所謂現實之人生活動及現實世界之事物之存在中，求自見其自己；乃反而與其一般之現實之人生活動及現實世界，若發生一脫節，而與之超離，乃於現實世界事物之不存在處或虛無處，引生出之心態，此諸心態之奧秘，恒非理智之光之所能測，吾人今更不能盡論，下文惟舉其基本之形態三者以爲例。

甲、一種非常心態中之顛倒相，爲以意想中之可能者爲現實而生之顛倒相。依一般之見，意想中之可能者，唯呈於內心，而所謂現實之事物，則兼呈於外覺。然依一般之見，又皆知當人之外覺既閉，如入睡之時，則平日意想中之可能者，其呈于夢魂，即皆宛如外覺所對之現實。是即證明，凡意想中可能者，皆可視如現實。如詩人之恒作白日的夢，而視夢境如眞是也。然人作夢時，雖不自知其爲夢，然因其有出夢之時，則夢醒仍自分明。而在一非常心理中，則可於醒時，將意想中之可能者，當下立即客觀化之爲一外在之現實；再想一可能，又立化之爲一現實；而其轉化之幾，或竟可速如電光，以造成一天羅地網，非人力之所能逃。憶吾於青年時，不特身體多病，心靈亦多病，疑竇之起，迷離莫測。玆隨文姑舉出使我生大苦惱之二事，一者我嘗疑我已不識字，所識之字，皆忘去淨盡。此明爲可能之事。而此可能，一日忽如對我頓成現實，覺我已目不識丁。乃持書而讀之，以自證仍能識字。然將書放下，前疑又生，覺此方才自證能識之字，已卽遺忘。此仍爲可能，我又復爲一目不識丁者。乃再讀前書，如此者至三至四，終不能自證我所識之字之不忘。而我已成目不識丁之感，亦盤旋於前，而久不能去，遂生大苦惱。二者同居之人有失財物者，此明非我之所盜。然我忽念，彼亦有疑及於我之可能，而此疑亦立卽頓化爲現實，而我亦如忽化爲彼判斷爲盜彼財物之人。我乃故作他言，以求自去我之心理病態。然方作他言，則我又念彼有疑我之作他言，乃以自掩飾之可能，此可能又頓化爲現實，而如見彼在疑我之掩飾。於是我又更作他言，而我更念：彼仍有疑我以此他言，掩飾我方才之掩飾之可能……。此中，我所念爲可能者之化爲現實，卽速如電光，如傾篋而出，以成一天羅地網，亦使我生大苦惱。對此二苦惱之根，吾嘗思之而重思之。吾初思其皆原於吾之無自信，及不信人。繼思此乃原於我之畏我成爲目不識丁者，又畏人之說我爲盜。此乃由於我之貪爲一識字之人，與貪美名而恐惡名之及於我身。最後乃思及，此我之不識字以及爲盜，原亦各爲一可能之事。人固隨時可瘋狂而不識字，而人之深心中固亦皆原有爲盜之種子與可能也。此二可能，原自可畏，亦非不能現實化者。吾人平日之不思其爲現實化者，唯以在吾人在想此二可能之時，知其唯在意想中，而持之以與其他吾人視爲現實之事物，相對較而觀，彼乃虛而非實。然吾人之心靈，若忽然與吾人所視爲現實者相脫節，而唯注視此可能，而沉入其中，則凡所思之可能者，卽皆當下頓成現實。人之作夢與詩人之白日的夢，亦由此脫節而有。唯其入夢，不由於自覺心中之疑而起，出夢時又復自知，故夢醒遂不相雜，而歷歷分明。而上述心靈病態，則初卽依於人之自覺的心中之疑而起。此中，人之心靈與現實者之相脫節，亦初爲人之自覺的心中之疑之所爲。疑之所佈，如雲如霧，凡有者莫不可無。疑之所着，爲鬼爲蜮，凡無者莫不宛有。疑可掩蓋彼現實之一切事物以成虛，而托擧彼意想中任何可能者以成實。疑之所自生，並不必皆有所以疑之理由，其外緣雖恒在人之不知應付現實事物之道，失其相與感應之機，而疑雲頓起，致而有上述之一脫節；而其根原，則正在超越的心靈之原具無限性，故能超越一切現實事物之限制而莫之信，幻游於任何之可能者而視爲眞。然其所以幻游於此可能者而非彼可能者，則又由人心底之欲望、貪戀、畏怖，及其他或染或淨之業力之所牽往。此業力之和，卽人心底之意識之世界。因各種業力之强弱，與伴助之緣不同，而牽往之處亦無定。此一一之可能與業力，自其自身而言，又皆各爲一有限者。唯此具無限性之超越的心靈，爲此心底之一一有限者之所牽往而吸注，以沉陷顚倒於其中，乃有此幻游，而以此幻游者爲現實，故仍皆爲人生之顚倒相之表現。唯此種顚倒相之表現，亦不必導致世俗之煩惱苦痛，更不必導致一般之罪惡，而天才之幻游，更可見人之所不見，知人之所不知。唯因其兼以幻游之境界代現實，遂恒導致一特殊之人生疑情，與生活上之悲劇。而古今天才之詩人、藝術家、哲學家之悲劇，亦皆恒多多少少由其所幻游之境代現實境而來者也。若人將此幻游境與現實境，相代相錯雜，而更無一念知其分別，人卽入於瘋狂。此卽天才與瘋狂之所以鄰近。至能出入於幻游境與現實境，而不使之相代相錯雜，而去此中之顚倒者，則天才而聖者矣。

乙、再一種非常心態中之人生顚倒相，可稱之爲虛無幻滅之感中之顚倒相。人生而有欲，欲而不得，或得而復失，皆有虛無幻滅之感。然此虛無幻滅之感，恒暫而不能久，及其欲之再得，則此感又一遁而無迹。人更高級之虛無幻滅之感，則非由欲而不得，或有所失而生，而可直由其得而復得而生。如人之好利好名者，其以利生利，以名致名，而利日以增，名日以盛，可相引而無盡。此一般好利好名之人樂之而不疲者也。然今有人焉，如一朝自反省其貪逐此無盡之名利之歷程，而自知其名利之增盛，步步皆不能自足，每一步之名利，皆爲過渡至下一步之名利之手段，而下一步則恒在未來，而非己之所有；則可頓然悟到，此名利之增盛之歷程，似步步有得，而實無所得。於是可一朝而照見其一生求利求名之虛幻。然由於彼平生之所習，又未嘗眞知名利以外之人生目標；則當其照見此求利求名之虛幻後，卽將嗒然如喪考妣，如游子無歸。此卽爲一更高級之虛無幻滅之感。再一種更高級之虛無幻滅之感，則爲人之求眞求美求善者亦可有者。如彼求眞美善者而覺眞美善無窮盡，又見昔所謂眞者，今則爲妄，此以爲美者，彼則以爲醜，及各種善之觀念與行爲之相衝突，此亦可使人於一切眞美善，皆覺不堪寄心，而視若皆無足尊信，而於眞善美之價值世界之存在，亦生一虛無幻滅之感。又一種高級之虛無幻滅之感，則由對自己之人生存在與其他一切存在，在異時異地或更換一觀點，加以觀看時，覺其皆同於不存在，遂卽產生者。如我生於廿世紀而居香港，於廿世紀與香港觀我，我固在，然離香港以觀我，則上下四方，我皆無有；離廿世紀以觀我，則古往來今，我亦無有。我爲人，於人中觀我，我固有；而離人以外，則萬物中皆無我。今我果周遍世間以求我，則有我之處實至少，而無我之處則無限而無窮。此亦卽吾人上文第七節所言之我之人生之爲有限之一義，吾人亦未嘗全加否認也。然此實尚非只爲我之人生之有限之問題，亦爲我之人生畢竟爲有爲無之問題。若我今只求我於無我之處，則我卽畢竟無有。匪特我可爲畢竟無有，而吾人求任何物于其所無之處，其物皆同爲畢竟無有。簡言之，卽吾人果將一切存在之事物，皆一一參伍更互以求之，卽世界卽成一片虛空。而凡吾人所求者不在其處之處，其處之物雖在，匪我所求，亦同於虛空。若然，而果我之人生，專注於我之一所求，而此所求又不能得之於此世間，則匪特我所求者爲虛空，而全世界之物亦成虛空矣。白居易詩曰：「同心一人去，坐覺長安空。」因其所求者，唯在與同心一人相伴而已，彼不在長安，則長安空矣。

然以其人去他處，故長安雖空，而世界尚不空。如其人已逝，另無同心之人，堪求之物，則世界亦空矣。

凡上述之種種之虛無幻滅感，皆人情所常有，並依其所自生，而各有其特殊之情調意味，辛酸苦辣，互不相同，而其表現爲虛無主義之文學哲學之形態，亦極其複雜。然自此虛無幻滅之感，對身當其境者之效應而觀，則苟有一焉，刻印於心，充極其致，吾人之起居食息，卽皆成百無聊賴，味如嚼蠟；寖至形若槁木，心若死灰；再寖至覺宇宙如一大墳墓，天似棺材蓋，地似棺材底，吾身在世間，如行屍而走肉；眼前唯見一茫茫昧昧而又滄滄涼涼之「虛無」，以寒澈吾人之此身與此心。然實則在此虛無幻滅感之底層，則有吾人之被阻滯之情欲焉，相盪相推而相代之追求焉，相矛盾衝突之價值感焉，相參伍更互而相否定相抹殺之存在事物焉。唯其皆相盪相推相代、相矛盾衝突、而相否定抹殺也，乃初雖爲此心靈所涵具，而終歸於隱覆，以退藏於幽密，而冒陳於人目之前者，乃只此一片虛無而已。雖然，此虛無之自身之宛然有相，又非此諸底層之事物之所致，其原亦在超越的無限量之心靈之「虛靈性」。唯此虛靈性，非遍運於天地萬物人生萬事而虛靈不滯之性，亦非透明觀照萬物之虛靈性，更非涵蓋乾坤之虛靈性，乃只虛而不靈，亦虛無而滯。其滯在其所涵覆者，皆相膠結而相梗塞。其涵覆之功，如古詩所謂「天似穹廬」，以「籠蓋四野」之沙漠，更無潤澤之德；而彼相膠結與相梗塞者，則生機可以相抵制而閉息。故此呈於前之虛無之無限，實爲一荒漠之無限，此荒漠之無限，乃由其所涵覆之諸有限者之生機之相抵制，所拱戴而凸陳者。此亦卽人之心靈自身中之諸可能之相抵制，而更無眞實之表現時，所投出之一陰影。當心靈有眞實之表現時，其表現之相繼而無窮，卽見其兼具能此亦能彼之德。當其沉陷于一特種表現時，乃能彼而不能此；又或求化其此或彼之有限者，以成爲無限者，至當其所能者皆相梗塞抵制，而無眞實表現時，則爲「此」者如只投射一陰影，以無（動辭）「彼」，爲「彼」者，亦如唯投射一陰影以無「此」；乃既不能此，亦不能彼，而只現一非此非彼之純否定，是卽純虛無也。故此虛無，亦卽心靈原兼具之能此能彼之德，在彼此相抵制之狀態下，而自隱覆時，所投出之陰影也。此陰影，亦其倒影之一。唯此倒影，以其純屬一虛無，而唯是以虛無相爲相，故不同其他倒影恒附於一有限者，有特定之相耳。

丙、又一種非常心態中之顚倒相，吾無以名之，可姑名之爲魔暈之虛無心態中之顚倒相。此乃人之利欲存主於內，而外運一純否定之精靈之所成。如魔王居中，外呈光暈，而此光爲虛無之死光，凡遇之者，皆形銷骨化。此種心態，實人之所有，唯充極其量者，亦不數數覯。此乃人心中之地獄之坎底，蓋亦卽人生之罪惡之極峯，此與天堂之頂，同非人跡之所易到。然此心態之淺者，初只呈現爲一種油滑相。油滑之人，非復難遇，而油滑之心，吾人亦皆有之。所謂油滑者，卽於一切客觀事物之存在與價値，無一有眞實之肯定。凡其所似肯定者，皆方卽而旋離，而無足感動彼而入於其心，又如凡往感動彼者，到其心前，卽便滑落。此心於世界無眞好、無眞惡，而恒自旋轉，便成一虛無之光暈，足以否定其外之一切價値與存在。然彼油滑而自旋轉之心，則內另有所護藏，此卽其中心之私欲。彼對此私欲，實膠固堅執，雖毫髮亦不覗爲虛無；唯慮其外有奪其所有者，故宛轉迴護，而外運否定之精靈，自造一光暈以自保；而其生命遂得如丸之轉，以滑行於世界之中，又如外塗油，使無能攫握之者。此乃以內之所膠固堅執者爲存主，而外現一虛無否定之心態，故不同於上節之虛無心態也。

唯上述之油滑之心態，旣唯在求自保，卽亦未嘗傷人。而人之運否定之精靈，以接世界之事物之另一型態，則爲人之緣其私欲以生怨毒，對阻其私欲者，生瞋恨殺害之心。此瞋恨殺害之心，非特以自足私欲爲目標，而是兼以見彼所瞋恨殺害者之不存在而虛無化之本身爲樂。怨毒之發，連類所及，人所瞋恨殺害者，乃不知伊于胡底。故殺人之一身未足，並夷其族、墟其城、鞭其屍，以其頭顱爲飲器，而意猶未已。此實生于人之運此否定之精靈，以徹入于所敵對之人物與世界之中，而再任此否定之精靈之長驅直入，以爲大樂之所存。而常人之幸災樂禍，則事屬于一類，唯小巫見大巫，又不可同日而語耳。

然人之運否定之精靈所成之罪惡，更有甚于上之所述者，此則爲如彼好權之野心家，造成一鐵桶天下之罪惡。此鐵桶天下之造成，不必直接由其對任何人之殺害瞋恨及制裁與控制，而唯是設一格局，以使人與人互相制裁、互相控制、互相瞋恨、兼互相恐怖他人之殺害。此乃原于利用彼人與人之互相否定限制，以使人之外表皆如鐵屑之相吸，而實則互相縛束，皆不能動彈，遂得結成一鐵桶之天下。彼好權之野心家，乃得高居于上，而不虞人之叛逆，以肆其大欲。此鐵桶之天下，自外表而觀，亦可如海宴河清，光滑無事，而實則陰森暗淡，荒漠虛無，而唯是一否定之精靈之光暈之所慘照，而光暈中坐者，則爲魔王。此則爲人道之最大之顚倒，依于好權之野心家之非常心態，運其大否定之精靈而客觀化之，以與一般之人與人之相限制否定中之諸小否定之精靈，相結納之所成，如古今中外之極權政治是也。而凡世上用人與人相制衡之權術，以處世成事，自便其私，而非以此制衡，成就義道，使人各得其分者，亦同依于一心態。其中之機巧變詐，亦複雜萬端，唯與上述者相較，又有小巫大巫之不同。此則吾等常人一念顚倒，依其世俗之聰明，皆能有之者。是見上述之魔王，亦未嘗不窺伺于吾人之心底，而人皆可殞于深淵。嗚呼危矣。

（九）人生之復位

吾人于上文論五類之人生之顚倒相，固尙有不能盡。然大體上已足見。人生斯世，實無往而不可自陷于顚倒，而實亦時時處處，皆生活于種種顚倒之中。然于顚倒者，觀其顚倒，乃正見而爲非顚倒。反之，于顚倒者視爲正，則此本身，實已是顚倒。而世之學者，更多不能免此。此又爲人生顚倒之一種。復次，于顚倒觀爲顚倒，雖爲正見，然顚倒之本身，却仍只是顚倒。顚倒乃邪而非正，顚倒亦枉而非直。故由人生之顚倒，以觀人生，人生實大皆爲邪生而非正生，爲枉生而非直生，此亦卽人生之所以可厭、可嘆、可悲、可憐之故。自此而言，則人之生也，亦有不如無，茍有大魔王出，加以斬盡殺絕，其事雖酷，亦可使一切可厭、可嘆、可悲、可憐之事，皆歸于寂，而一切罪惡、煩惱、悲劇之染汚，皆歸于清淨。然斯言也，亦爲吾人之顚倒見，此又不可不察。蓋宇宙如果有生人之理，則人類絕滅淨盡以後有宇宙仍將再生此人類，而一切可厭、可嘆、可悲、可憐之事，仍將再現，罪惡煩惱悲劇之染汚，仍將再來，反復輪迴，終無了期。原吾人之所以望人生之淸淨，唯出自吾人內心要求此人生自身之清淨。今不從事于致此清淨，而以無人類之存在，爲世間之清淨，此明爲求此淸淨之虛影，于外在之世間，此正依于吾人之心願之顚倒。而此無人類之世間之清淨，又實不能與吾人內心之初所要求之人生自身之清淨，相應合也。夫然，故人類之斬盡殺絕，亦不足以解決吾人之問題。吾人之問題之解決，仍唯有自如何致人生自身之清淨，以由邪生以成正生，由枉生以成直生之本身上用工夫，而別無捷徑之可尋也。

人如何可致自身之清淨，由邪生以成正生，由枉生以成正生？此其道亦無他，卽去一切人生之顚倒見顚倒相，而拔一切顚倒性之根，以使人之具無限性之心靈生命之自體，復其正位而已。而此事，亦固自有其可能之理在。

緣吾人上文之說，固極狀人之顚倒性相之爲害，然亦自始肯定此人之能顚倒者之自身，亦超越于一切顚倒性相之上，而非卽此顚倒。一切顚倒之所依，如分別而觀之，亦皆初非顚倒。蓋一切顚倒之所依，乃在吾人之上有超越而具無限性之心靈，而此心靈又必求表現爲現實之有限者；一念沉淪，順此有限者之牽連，遂欲化此有限者成無限，往而不返，卽成顚倒，而唯求自見其自身之無限之倒影于外。如人之好利、好色、好名，及對于眞美善等之執一而廢百，及一般之宇宙觀人生觀之顚倒見，如上述之第二三種，皆同根于此者也。至于非常之心態中顚倒相，則或由于以意想中之可能者與現實者之相與錯代；或由于所涵覆之諸有限者之相梗塞抵制，以唯見一虛無；或由于人之運否定之精靈，以成一虛無之魔暈；則皆由超越的心靈之阻塞其自然之表現于有限之現實之路道，亦皆原于諸現實之有限者，失其相與感應之機，皆被壓抑而隱覆，而有限者與無限者之關係，乃成虛脫。上述之宇宙人生觀中之第一種之視無限之宇宙，純然在外，與第四種之以價値之根原，惟在超越外在之上帝等，亦表現此虛脫者也。夫然，故去此人生一切顚倒性相之道無他，卽任此無限之心靈之表現寄託于現實之有限，而又不使此無限者沉淪入有限，而使有限者皆還其爲有限，以相望而並存；復使無限者亦還其爲無限，以昭臨于有限之上；則皆得居其正位，以直道而行，而人生亦更無顚倒，其生亦皆爲正生而非邪生，直生而非枉生矣。

今將此無限者還其爲無限，有限者還其爲有限之原則，落于實際，以論人生之實事，則義非玄遠，而至平易。夫人之生也，自其現實之生命存在、各種活動、與其所有者而觀之，實無非有限。壽命百年，有限也；七尺之軀，有限也；生于此時此地，不生於彼時彼地，有限也；遇如此父母兄弟、山川人物，而非如彼之父母兄弟、山川人物，亦有限也；得如此之名利勢位，而非如彼之名利勢位，又有限也。眞理美善神聖之價值無窮，而我所知所行，亦只如此而非如彼，是皆同爲有限。此有限，卽世間之存在者之節限，亦世間存在者之命運，爲萬物所不能免，亦古今四海之人所皆莫能免。卽窮吾人之努力，以與如此如此之節限命運相抗，而欲逃脫之，使吾之人生由如此如此而如彼如彼，則此如彼如彼，仍爲一有限，其爲吾之人生之節限與命運也如故。則此人有節限命運之一原則，人終莫能抗，亦終莫能逃。跳死猢猻，仍歸套裡。愚者疑之，智者知之，而賢者安之。此之謂有限者還其爲有限。然人在另一方面，則其能知此有限而安此有限，其心靈卽已超此有限，而足自證其非任何有限者之所能限。我之壽命固只此百年，我亦只有此七尺之軀，又只生于此時此地，而不生于彼時彼地；然此百年七尺以外之千尋百丈，萬年億載，我之心靈固亦知其有；上天下地，往古來今，同爲我之心量所涵，則此心量，固無限也。我只遇此父母兄弟，接此山川人物，固有限，然我之心靈，實亦知天下人皆有其所遇之父母兄弟焉，所接之山川人物焉。此心靈之量，固非我父母兄弟山川人物之所能限也。以此推之，我之名利勢位之外，有他人之名利勢位焉；我所知所行者之眞理美善神聖之價值之外，有無窮無盡之眞理美善神聖之價值焉；亦我之知其無窮無盡者，而亦見此心量之無限者也。人果能隨處自證此心量之無限，以觀其現實之生命之存在中之有限，亦觀他人之現實之生命存在中有限；乃使有限者，皆各成其限，仁也；使有限者相限，而各得其限，義也；使有限者互尊其限，禮也；知有限者之必有其限，智也。而我之此仁義禮智之心，則意在曲成天下之有限，亦卽自成其爲無限。又我有此仁義禮智之心，人亦有之，充極其量，則又皆同其無限，更無相互之節限之可言；而以我之此心通人之此心，卽仁也；謂人我同具此心，卽義也；以我之此心，自敬，而敬人之此心，禮也；知人我皆有此心更不復疑，智也。我有此心，人有此心，而同其無限量，以相攝相涵，而此心之廣居，在人我之中，亦在人我之上，而人我皆天之所生；則此心亦天之所與，天與人此心，而人再奉獻之于天地，不私之爲人之所有，則人皆得自見其心之卽天心矣。知其心之卽天心，以還顧其有限之生命存在，則此有限生命之存在，皆依此無限量之卽己心卽天心，以生以成，而爲其昭露流行之地；則有限者皆無限者之所貫徹，而非復有限，以渾融爲一矣。而一切顚倒之非人之本性，在究竟義爲虛幻而非眞實，亦至此而見矣。然人之知此義，仍當自使有限者還其爲有限、無限者還其爲無限，以使有限者與無限者，各居其正位，以皆直道而行始。

(十)復位之難與易，及天堂與地獄之結婚

吾人於上節，已言人之去除一切顚倒之可能之理。稱理而言，有理則有事。理易明，則事亦不難致。然卽事而說，則人欲去其一切顚倒，實難乎其難。夫人生固有正位居體之一境，聖賢是也。人果能有見於心靈之無限者，固皆可反觀其此心，稱理而試寫描摹此境之言，如上文所描摹是也。然描摹此境，托之於思想之中，陳之於名言之際，知及不能仁守；而或自謂吾知已及，更不須仁守，乃以自玩其知及之境爲事，以逞玄言，則此又成一高級之顚倒矣。然人不描摹此境，而只存之於心，以與世相接者，見彼世人之卑賤汙陋，乃不能無亢舉與我慢；而當其以拔乎流俗之心與流俗相周旋，舉步皆成滯礙，又難免於矜持與意氣。此亢舉、我慢、矜持、意氣，其狀皆至詭，而可遍運於人生之由下至高之一切活動與心境之中，而實無特

定之內容者。亢舉我慢之狀如溢如沸，矜持之狀如握，意氣之狀如撲；乃皆原於無限量之心氣之顛倒，而或凸陳於當下之有限之活動之上，或膠聚於一有限之自持之事之中，或欲自一有限之活動中鼓湧奮迅而出者。此又恒各爲一高級之顛倒。人之欲去此二顛倒者，則又或更無嚮往，以同乎流俗，而流俗之心，又自有其顛倒。是見人之欲免於顛倒者，乃恆纔出於此，又入於彼，前面拒虎，後門進狼。道心惟微，人心惟危，危微之幾，一念而天旋地轉，上下易位，誠哉其難也。至於人之才智愈高者，其心思之所及者，亦愈博而愈廣，愈銳而愈堅，其人生之顛倒相，亦至繁而至賾，愈強而愈烈；如頭重者，足乃愈輕，而動輒皆成顛倒，斯其見道愈易，亦行道愈難，尤可爲深慨。此即世間宗教家之痛陳人生之妄見、無明與罪惡，以明人道之艱難之所以爲可貴也。然宗教家又或謂人生通體是無明與罪惡，而非人力之所能拔，此又爲一執人生之顛倒性相而生之顛倒之見。不知一切無明與罪惡之根，唯是此顛倒性相，而此性相之本身，則又另無所根。又依此顛倒之可去之理，則顛倒性，即畢竟非人之本性；而人之心靈之有此顛倒者，其自身之本性仍實未嘗顛倒。至人生之一切顛倒相之無窮無盡而無限，此無限，實仍取資於此心量自身之無限而有。在一切顛倒中，人心所表現之力量，如一往沉陷于私欲偏執中之力量，及非常心態中一切有限者，相與錯代梗塞抵制，而相矛盾否定之力量，亦同原自此心量。顛倒如水之逆流，而逆流中之水，即正流中原來之水。顛倒如人身之毒瘤，然毒瘤中之細胞，即健康之人身中之細胞。顛倒極於瘋狂，而瘋狂者之思想中之觀念，即其平日之觀念。知逆流中之水，原是正流中之水者，乃能導逆流以歸正流。知毒瘤中之細胞，乃人身中之細胞，而使之還歸人身之他部者，亦必能治毒瘤。人之治瘋狂者，亦唯有自疏解瘋狂者心理中之觀念之糾結，使之各還其位始。故能知一切顛倒無明與罪惡所由構成之成份，初非顛倒無明與罪惡者，亦卽能去顚倒。而知顚倒之能去，亦卽知人之心靈之本性非顚倒。故上述宗教家之言，仍有一間未達。唯人之實求去其顚倒之工夫，又首賴於上所謂如實深觀人生之顚倒相，而對之有如實知；宗教家之痛陳人生之妄見、無明與罪惡之言，吾人亦皆可取爲成就此如實知之所資。如實知顚倒，卽能不顚倒，如佛家之言知煩惱卽菩提，知無明卽明；則遍觀邪生，卽知正生；遍觀枉生，卽見直生；深緣地獄，卽見天堂；一切宗教家窮彼地獄之相者，皆爲儒學之一端。西方有詩人柏來克者，嘗作詩名天堂與地獄之結婚，蓋謂此人間卽天堂與地獄結婚之所，竊謂天堂如父，地獄如母，地獄生子，還以天父爲姓，以住人間。然天父若不能如佛之住地獄，而起大悲，又烏能生子？此卽在一切宗教家言中，佛義之所以爲深遠。唯吾於此諸義，亦不能描摹過多，自陷顚倒。本篇文止此，本書止此，仍望讀者觀前諸篇文所陳者爲幸。

五十年七月廿八日

索引

索引說明：

一　索引區分為二部分：㈠人名索引，㈡內容索引。另附外文人名中譯對照表。

二　內容索引以名詞概念為單位，同一名詞下無特別說明者，僅標明其頁數；有特別說明者，該名詞概念用～符號代替。

三　索引以筆劃多少為序，外文人名中譯對照表順英文字母為序。

四　索引中所標示的頁數，即本書每頁兩旁的頁數。

五　本索引編製人曹志成。

(一) 人名索引

七　劃

八　劃

九　劃

十　劃

十一劃

十二劃

十三劃

十五劃

(二) 內容索引

一劃

二劃

三劃

四劃

五　劃

六劃

七劃

八　劃

九　劃

十　劃

十一劃

十二劃

十三劃

十四劃

十五劃

十六劃

十七劃

十八劃

十九劃

二十劃

二十一劃

二十三劃

二十四劃

外文人名中譯對照表

Adler	亞德勒
Bruno, G.	布儒諾
Bentham, J.	邊沁
Durkheim, E.	涂爾幹
Freud	弗洛特
Hegel, G. W. F.	黑德格
James	詹姆士
Jesus Christ	耶穌
Kierkegaourd, S.	杞克伽
Marcel, G.	馬塞爾
Marx, K.	馬克思
Milton, J.	彌爾頓
Plato	柏拉圖
Socarates	蘇格拉底
Veblen	韋布倫

國家圖書館出版品預行編目資料

人生之體驗續編

唐君毅著. - 校訂版. - 臺北市：臺灣學生，民 82
面；公分（唐君毅全集；卷 3 之 1）
含索引

ISBN 978-957-15-0565-7 (平裝)

1. 人生哲學

191 82006513

人生之體驗續編

著作者 唐君毅
出版者 臺灣學生書局有限公司
發行人 楊雲龍
發行所 臺灣學生書局有限公司
地址 臺北市和平東路一段 75 巷 11 號
劃撥帳號 00024668
電話 (02)23928185
傳真 (02)23928105
E-mail student.book@msa.hinet.net
網址 www.studentbook.com.tw
登記證字號 行政院新聞局局版北市業字第玖捌壹號
定價 新臺幣二〇〇元

一九九三年九月初版
二〇一九年六月全集校訂版四刷

19102

ISBN 978-957-15-0565-7 (平裝)